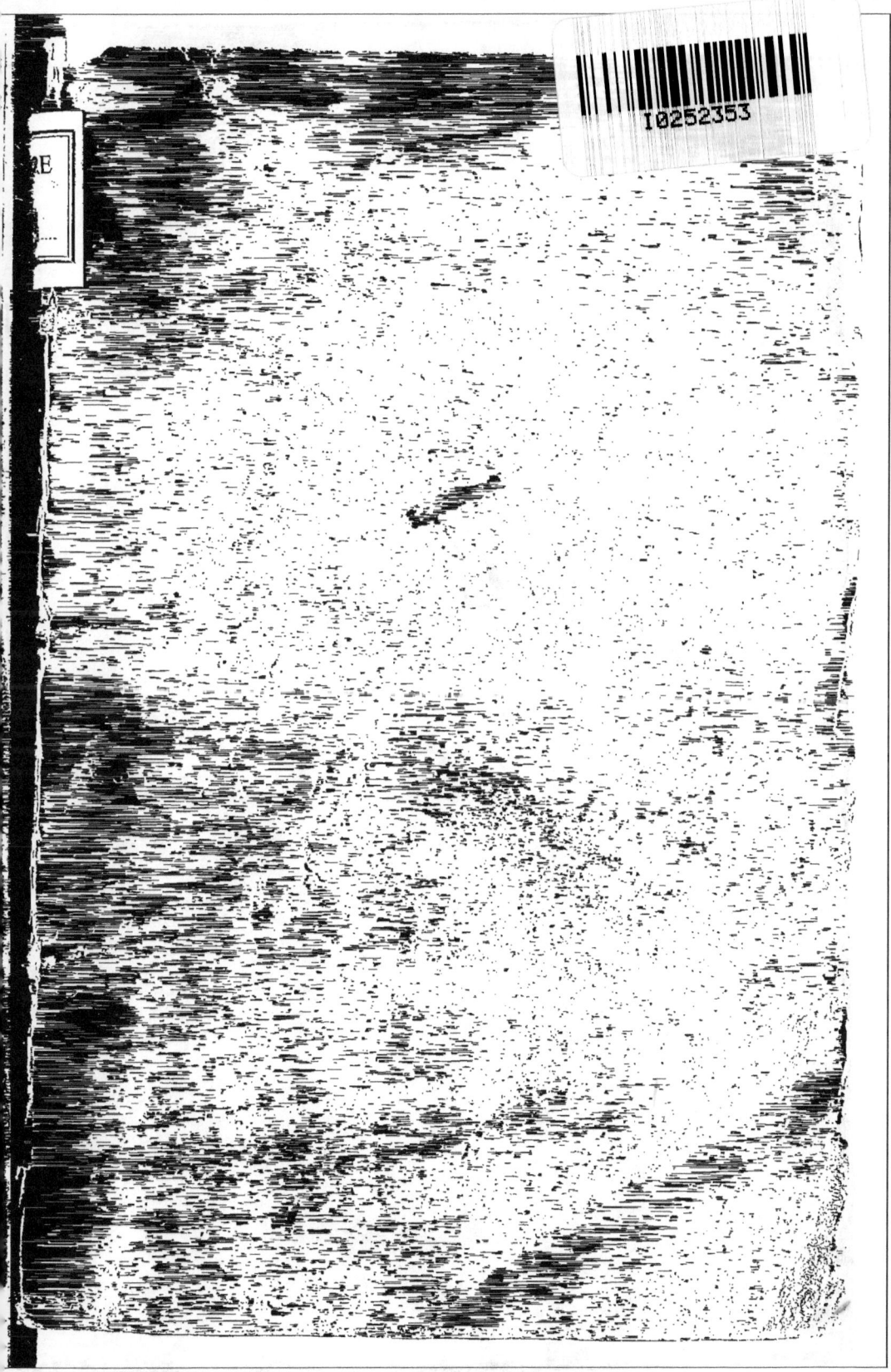

G. 1645.
84+f.

LETTRES SECRETES
TOUCHANT
LA DERNIERE GUERRE
DE
MAIN DE MAITRE.
DIVISÉES
EN II. PARTIES.

à FRANCFORT
aux dépens de la Compagnie des Libraires
1771.

ANECDOTES
POUR SERVIR
A
L'HISTOIRE DE BRANDEBOURG
ET
A L'ECLAIRCISSEMENT
DE LA DERNIERE GUERRE.

PREMIERE PARTIE.

PRÉFACE.

Tout le monde a raisonné sur l'avanture du Prince defunt de Prusse Auguste Guillaume, la quelle lui fit encourir la disgrace du Roi pendant la derniere guerre de Silésie, mais personne n'a sû tous les tenans et aboutissans de l'affaire. On étoit seulement d'avis que S. M. le Roi n'avoit pas été content de la conduite du Prin-

Préface.

Prince son Frere pour la Campagne de 1757. et que peu après le Prince s'étoit rétiré de l'Armée; on n'en savoit rien davantage alors. Ce recueil de Lettres met le tout en son jour; et l'on s'y peut fier, d'autant plus qu'elles sont écrites de la propre main du Prince defunt, et verifiées par toutes celles que S. M. le Roi lui a faites dans cette occasion.

Ayant encore été assés heureux pour recevoir les Lettres du Roi au General Fouqué touchant les Campagnes de 1759. et 1760. je m'assure n'avoir pas rendu un petit service au Public de lui faire part des

Let-

Préface.

Lettres d'un Monarque generalement respecté et admiré. Que les Historiens me sauront gré de leur fournir de quoi les mettre au fait de deux Campagnes les plus remarquables, par la communication de ces Lettres dont les originaux ont peut-être deja servi de pature aux vers! Qu'on ne me demande pas, comment ces Lettres sont venues entre mes mains; c'est la fortune de la guerre qui rend souvent quelqu'un maitre du bien d'autrui. Il ne me reste qu'à avertir le Public, que les Lettres marquées d'un asterisque étoient écrites en Allemand, mais comme les apostilles ajoutées

Préface.

çà et là, étoient écrites en françois de la main du Roi, j'en ai traduit les prémieres dans cette Langue, pour faire plaisir aux Lecteurs françois; cependant ce seroit être temeraire, que de vouloir atteindre le style d'un Monarque qui n'est et ne sera que le seul en son genre.

Relation.

Quelques jours après la malheureuse bataille de Collin, le 18me Juin en 1757. Sa Majesté me fit savoir par une lettre, qu'Elle avoit résolu de me fier l'armée battuë, augmentée de quelques Regimens.

Je fus alors au Camp de Leutmeritz avec le Marechal de Camp Keit. Le Roi y arriva le 27me Juin. Il me fit entrer dans son appartement, et m'entretint de tout ce qu'il avoit ordonné que je fisse. Il avoit

A la

la Carte de Bohême dévant Lui. Je tachois à bien retenir tout ce qu'il me dit, et étant de rétour, je Lui écrivis, que, comme il me pourroit être arrivé de n'avoir pas bien compris fes ordres; je prenois la liberté de Lui en faire un Mémoire fur une feuille pliée, et qu'il étoit le Maître de marquer en marge, ce que j'aurois oublié, ou de rayer, ce que je n'aurois pas affez bien compris. Ma Lettre fut très bien reçûe, et le Roi me dit lui-même, qu'il y ajouteroit quelque chofe.

J'esperois que le Roi figneroit ce Mémoire qui me pouvoit fervir d'Inftruction. J'eus les ordres de partir le 29. Iuin avec 1000 chariots chargés de farine, et efcortés de deux Bataillons et de cens Hufars, fous les aufpices de Dieu et de la Fortune.

Etant chez le Roi lui dire adieu, et prêt à m'en aller, il me rémit un rouleau de papier; je me hâtois de le déployer; mais

mais quel fut mon étonnement de revoir mon Mémoire, sansque le Roi l'eût signé, ni ajouté un mot de sa main. Je partis donc sans Instruction, et me mis à la discrétion du Roi qui démeuroit toujours le Maître d'approuver ou de repréhender mes actions.

L'Instruction que le Roi m'avoit donnée de bouche, m'enjoignit :

I. De soutenir le poste de Jungbunzlau, autant qu'il me seroit possible.

II. D'y faire mettre sur des chariots une provision de pain pour dix jours, qu'en cas que je dusse passer en Siléfie, l'Armée soit pourvûë de pain, jusqu'à tant qu'elle fût arrivée aux environs de Schweidniz pour le tirer de-là.

III. D'avertir le General Brandeis de hâter sa marche, et de méner par Zittau le convoi de farine qui venoit de Siléfie pour aller à l'armée.

IV. De faire réconnoître les chemins, qu'en cas que je voulusse joindre le Roi à Leutmeriz, ou que le Roi voulût me joindre, cela se pût aisément faire.

Les Gouverneurs des Forteresses en Silésie, et la Chambre de Breslau, eurent les ordres de me faire leurs rapports. J'étois pourvû de Chiffres pour faire la correspondance avec sûreté.

Ce fut le 1. Juillet qu'après trois marches, j'arrivai au Camp de Bunzlau; j'y trouvai les choses dans un état tout à fait different de la peinture que le Roi m'en avoit faite. Je ne trouvai pas un boisseau de farine dans le Magasin, il y eut au contraire une misére universelle dans le Camp, une grande disette de vivres, et l'avis presque sûr, que l'ennemi avoit en vûe de nous renfermer, ce qu'il pouvoit aisément faire sélon la situation du Camp. J'écrivis au Roi la lettre Nro I. et le troisiéme Juillet je me mis

mis en marche vers le Camp de Neuschloſs, ce que le Roi ne déſapprouva point.

Le General Winterfeld, en qui le Roi mettoit beaucoup de confiance, me conſeilla de faire encore une marche en arriére, et d'aſſeoir mon Camp à Leipa; je ſuivis ſon conſeil, parce que ce mouvement m'approchoit du Magaſin de Zittau, et qu'il facilitoit beaucoup le convoi.

Je mis garniſon dans les chateaux de Gabel et de Reichſtadt pour rendre ſûr le chemin de Zittau. Le General Brandeis arriva heureuſement avec le convoi, et nous apporta de la farine pour dix jours; le Roi m'écrivit la lettre du ſeptiéme, où il déſapprouva fort, que j'avois quitté le Camp de Neuſchloſs. Nous eumes avis de l'ennemi, que le Prince Charles avoit joint le Marechal de Camp Daun avec l'armée qui avoit été bloquée à Prague, qu'ils avoient paſſé l'Elbe près de Brandeis, et dirigé leur marche le long de l'Iser; que leur quartier general étoit à Klaſſer lieu voiſin de Munchengretz; que le General Moracz avec les Huſars avoit été détaché à Nimes, et que le General Beck s'étoit poſté près de Neuſchloſs avec un corps de troupes regulieres et quelques Pandoures; que le corps de Nadaſti étoit marché à Leutmeritz, et que le General Keit avoit paſſé en Siléſie avec 10000 hommes. Par ces rapports il n'étoit point difficile de déviner le deſſein de l'ennemi. J'écrivis au Roi, que ſuivant la poſition de l'ennemi, il paroiſſoit avoir en vûe de me couper de Zittau, et qu'il y réuſſiroit plus aiſément, s'il alloit établir ſon Camp près de Nimes; mais que, ſi je faiſois au plutôt occuper à l'armée le poſte de Gabel, on pourroit faire échouer ſon deſſein ſur Zittau, n'ayant alors qu'une Marche à faire pour y arriver. Vous verrez la reponſe que le Roi me fit le 2me. Je lui écrivis le 12me pour la ſeconde fois, la reponſe du 14me n'arriva que

RELATION. 7

que plufieurs jours après. Voyant que le Roi vouloit abfolument, que je ne quittaffe point le Camp de Leipa, malgré la néceffité de couvrir le Magafin de Zittau, je formai le deffein de détacher un corps de douze Bataillons et de quelques Efcadrons pour occuper de Camp de Gabel, et ce détachement devoit partir le 13me. La nuit du 12me au 13me je reçus la lettre fatale du Roi du 10me, où il m'ordonna de faire marcher un corps confiderable vers Tetfchen, parce qu'il croioit que l'ennemi alloit attaquer cette place. Cet ordre étoit un coup de foudre pour moi, car je prévoiois le malheur qui en fuivroit. Ce détachement affoiblit tellement l'armée, qu'à l'approche de l'ennemi je ne pouvois me paffer d'un feul regiment, fans m'expofer au peril.

LE 14me il falloit envoyer nos charettes à Zittau prendre de la farine pour dix jours. Le General Putkammer eut les ordres de l'efcorl'efcorter avec deux Bataillons. Winterfeld à qui j'avois donné le corps qui devoit fecourir Tetfchen, étoit arrivé à Kamnitz. Il me manda, que tout étoit tranquille en ces quartiers-là, qu'il avoit parlé à quelques hommes venus de Tetfchen, qui affuroient n'avoir pas vû un feul homme de l'ennemi. Ainfi le Roi avoit été mal informé. Moracz qui, comme je viens de dire, tint le pofte de Nimes, rendoit la communication de Gabel bien difficile, je ne pouvois avoir de rapports, il en falut donner au porteur une efcorte de trente huffars et de douze Grenadiers. Il y eut deux defilés à paffer, on me donna fouvent les rapports par des gens deguifés qui furent obligés à faire de grands détours. Le 14me j'eus quelque avis de Gabel. Le matin entre cinq et fix heures j'entendis une grande canonnade du côté de Reichftadt, où notre convoi devoit paffer, et peu après le General Putkammer me fit favoir, qu'il étoit retenu par un corps de troupes regu-

regulières. Je fis d'abord prendre les armes à trois Bataillons, monter un Regiment de Dragons, et marcher ces troupes fous le commandement du General Leſtwitz avec les ordres, qu'il devoit tacher à délivrer le convoi, et à le ſuivre tant qu'il vît, que la tête en eût atteint le dernier défilé de Gabel. Je fis dire au General Winterfeld de joindre d'abord l'armée avec ſon détachement. L'ennemi n'ayant pas plutôt apperçû la marche du General Leſtwitz, qu'il ſe réplia, et parut ſe défiſter de ſon deſſein ſur le convoi. Le General Leſtwitz retourna l'après-midi au Camp, et rapporta, que l'ennemi étoit rentré dans ſa coquille, et que le convoi avoit tranquillement pourſuivi ſon chemin. Entre cinq et ſix heures nous entendimes une grande Salve d'artillerie et de Mousqueterie. Je ne fus pas peu embarraſſé, ne doutant point, que le convoi ne fût attaqué près de Gabel. Peu après je vis arriver au grand trot par des détours et des sentiers les cinq Escadrons de Husars que j'avois détachés à Gabel, et qui me dirent, qu'ils n'avoient pû passer le grand chemin, parce que l'ennemi tenoit les défilés. Le Major qui commanda ces Husars me rapporta, que le General Putkammer, étant arrivé à Gabel, avoit rencontré un corps de Troupes regulieres qui l'avoit assailli par une canonnade; qu'il avoit eu bien de la peine à amener à Gabel les deux Bataillons et une partie des charettes; qu'en même tems un autre corps avoit attaqué la ville, et que toute l'armée du Marechal de Camp Daun jointe à celle du Prince Charles s'étoit campé près de Nimes. Ce Major fut bien étonné, que le grand nombre de couriers qu'il avoit envoyé me donner cet avis, ne fût pas arrivé. J'assemblai les Generaux les plus entendus pour savoir leurs sentimens sur ce qu'il nous resteroit à faire. L'évenement étoit de consequence. Winterfeld s'excusa sur ses blessures et ses fatigues disant, difant, que nous aurions demain affez de tems pour deliberer. Les refolutions qu'il nous reftoit à prendre, étoient:

I. D'aller avec toute l'armée à Gabel pour foutenir ce lieu. Cela parut raifonnablement impoffible, parceque, pendant la marche il faloit prêter le flanc à l'ennemi, paffer par des défilés, et attaquer 20000 hommes avec 25000.

II. D'aller joindre le Roi à Leutmeritz. Dans ce cas nous abandonnames Zittau avec le Magafin et la Garnifon

III. D'aller à Zittau par Kamnitz et Rumbourg. Cette derniere refolution nous parut comme la feule poffible, pour fauver l'armée, peut-être encore Zittau-même.

APRES avoir bien pefé cela, et confulté ceux qui connoiffoient le païs, je difpofai tout pour la marche. Le General Schmettau eut l'avantgarde avec les ordres de gagner la ville de Zittau le plutôt qu'il lui feroit poffible, et d'occuper l'Eckersberg qui

eft

est un poste important. Les bagages escortés de plusieurs Bataillons, devoient suivre l'avant-garde. Après les bagages le General Winterfeld devoit faire l'avantgarde de l'armée avec quelques Bataillons. Nous ne pumes marcher que sur une colomne, parceque les chemins étoient impraticables. Etant incertain sur le fort de Gabel, je suivis le conseil du General Winterfeld, et j'y fis marcher le General Rebentisch avec trois Bataillons pour tacher d'en avoir des avis sûrs. A peine ce General fut-il arrivé dans les monts à une demi-mille du Camp, il vit avancer à grands pas un corps ennemi pour lui couper le chemin. Il m'y falloit au plutôt envoyer le General Manteufel avec trois autres Bataillons, sur les quels le General Rehentisch se replia, et qui couvrirent sa rétraite, il m'amena un bourgeois de Gabel qui raconta, que la Garnison, après une vive defense, ayant eu manque de poudre, avoit été contraint de capituler.

Qua-

RELATION. 13

Quatre Bataillons attaqués d'une armée ne fauroient naturellement avoir d'autre capitulation que celle de fe rendre prifonniers de guerre.

Ce fut le foir du 15me que l'avantgarde fous le commandement du General Schmettau fe mit en marche. Elle auroit marché plutôt, fi le pain eût pû être plutôt cuit, et c'eft-ce qui en caufa le rétardement. Je comptai de fuivre à la pointe du jour avec l'armée, mais j'en perdis l'efperance, lorsque le 17me à cinq heures les derniers chariots de bagage furent encore dans le Camp. Pour faciliter la marche en queftion, et prendre une bonne fituation, car j'avois un fi grand terrain, je fis un moument de mon aîle droite, et mis mon Camp fur les hauteurs d'Oberlibich, où j'avois un defilé en front.

Le 18me l'armée alla fur une Colomne à Kamnitz. Les bagages qui défilerent par

Krei-

Kreiwitz, furent attaquées près de Haſſel, la peur et le deſordre des goujats qui croient le peril toujours plus grand qu'il ne l'eſt en effêt, furent cauſe, que pluſieurs chariots s'entre-choquerent, et ſe rompirent, pluſieurs pontons furent renverſés; l'ennemi pilla beaucoup de bagages, et nous prit un bon nombre de chevaux. Les Pandoures qui s'étoient poſtés derriere un abattis, fait à la hâte, firent feu ſur les nôtres, pendant que d'autres attaquerent les bagages, notre compagnie franche, et nos chaſſeurs firent le tour de l'abattis, attaquerent les Pandoures et les obligerent à ſe rétirer. Comme les bagages boucherent entierement le chemin, il fallut ſe refoudre à mettre les chariots en pièces, et à les laiſſer-là, à ceux près, de la conſervation desquels nous ne pouvions nous paſſer. Le General Winterfeld fit ſuivre l'avantgarde de travailleurs pour débacler l'abattis, et reparer les chemins, la plûpart des pontons mal atelés de chevaux furent

furent mis en pièces; deux raisons nous porterent à hâter notre marche.

1. Nous n'avions de pains que pour dix jours.

2. Il faloit faire son possible pour prévenir l'ennemi à Zittau.

Le 19me à quatre heures après-midi, le General Winterfeld me fit savoir, que les chemins étoient nettoyés, l'armée se mit en marche, et l'avantgarde se hâta de gagner les hauteurs de Greiwitz. A peine l'armée eut-elle décampé, le General Winterfeld me fit dire, qu'il voyoit venir, du côté de Zittau, un corps pourvû de canons et de cavallerie, fort d'environ 6000 hommes, qu'il croyoit, que ce corps alloit, gagner Greiwitz, mais qu'il feroit tous ses efforts pour le prévenir.

Pour renforcer le General Winterfeld je fis marcher treize Bataillons et deux Regiments de Cavallerie, qui passerent un

autre

autre chemin plus court que celui de l'armée. Ce chemin n'étant qu'un sentier un peu large, à travers les rochers, les Bataillons marcherent sans canons et sans Garde-Regiments. Nous joignimes le General Winterfeld à tems. La tête de l'armée ayant passé le village de Hasel, nous entendimes une mousqueterie melée de coups de Canons, ce fut un corps de Pandoures qui s'étoient cachés dans la forêt de Kaltenberg, et firent feu, lorsque le dernier Bataillon de l'avantgarde qui étoit celui de Brunsvic, alloit entrer dans le défilé pour couvrir la marche du Regiment de Dragons de Wurtenberg; le Battaillon se rangea et chargea les Pandoures; les Dragons se posterent sur une hauteur près du Bataillon; le Prince de Wurtenberg eut le cheval tué sous lui, mais il n'en eut aucun mal lui-même.

Aussitôt que l'armée arriva, j'envoyai le General Lestwitz avec trois Bataillons
soute-

soutenir celui de Brunsvic, et frustrer le pillage des Pandoures ; A peine ces Bataillons eurent-ils pénêtré la forêt, qu'après la charge d'un quart heure, tout devint tranquille. La nuit survint, le défilé que nous eumes à passer, s'étendoit à un quart de mille. Je n'eus garde de faire cette marche pendant la nuit, parce qu'au moindre bruit le désordre auroit été inévitable ; de plus, tous les chemins étoient bouchés de chariots, de sorte que nous ne pumes faire passer aucun canon.

Je pris la resolution de poster les régimens sur le Kaltenberg aussi bien qu'il étoit possible. La cavalerie campa au milieu de l'Infanterie que j'avois postée autour de la montagne. La forêt et toutes les avenuës d'alentour furent gardées de Piquets et de postes avancés, on ne dressa point de tentes, parceque la place étoit trop étroites, nos gens s'en trouverent fort mal, ils étoient harasses de la marche,

n'avon'avoient ni pain ni eau, et coucherent en rase campagne, ce qui fut encore l'une des causes de la grande desertion. L'un des chasseurs à cheval du Roi vint me demander quelques Husars disant, qu'il esperoit trouver un chemin qui méne au tour de la montagne, que les Dragons de Wurtemberg tenoient. Il avoit bien jugé, et me rapporta, que de l'autre côté de la montagne, il y avoit un terrein assez spacieux pour faire camper un regiment en front, et trois ou quatre regimens derriere. Cette découverte me donna beaucoup de joie, parcequ'elle me délivra de quelques regimens; car nous étions trop à l'étroit. Le même chasseur vint une seconde fois me demander une escorte de Husars, il trouva un chemin qui mena à Kreiwitz. C'étoit un chemin si peu battu, que je crus que personne ne l'a passé depuis long tems. Cette découverte me fit resoudre à marcher sur deux colomnes.

Le

RELATION. 19

Le General Lestwitz me fit dire, qu'il avoit heureusement joint le General Winterfeld. Nous fumes sûrs, que les Pandoures avoient quitté le défilé qu'ils tinrent la veille, on disposa les choses en sorte, qu'une partie de l'armée devoit prendre le chemin de l'avantgarde, et l'autre colomne devoit passer celui que le chasseur avoit trouvé. Un Bataillon fut envoyé encore parcourir la forêt, et l'on envoia des travailleurs enléver les chariots rompus du chemin.

Ce fut enfin le 20me à quatre heures du matin que tout se mit en marche, et les deux colomnes arriverent heureusement et sans coup ferir près de Kreiwitz où l'avantgarde campoit déja. N'ayant plus de pain ce jour-là on donna à chaque homme deux gros. L'après-midi le General Winterfeld décampa avec l'avantgarde qui s'étoit reposée, et je lui donnai les ordres d'aller aussi loin qu'il se pourroit, sans fati-
guer

guer les gens. L'armée fuivit par brigade, afin qu'un Regiment pût fe repofer autant que l'autre. Nous paffames Greiwitz, et fumes obligés de monter une montagne, où nous trouvames par tout des chariots rompus. Le General Winterfeld avança le même jour jusqu'à Rumbourg, et je fis camper l'armée près du village de Schoenlinde. Les Pandoures s'étoient poftés dans un bois, et s'efcarmoucherent toute la nuit avec nos chaffeurs et notre compagnie franche, fans leur faire tort. Un Bataillon de Grenadiers, formé de Saxons, qui couvrit le bagage, donna le même jour une marque de fa fidélité. Il fut envoyé tenir le bois, tout le Bataillon, à 200 hommes près, mis les armes bas, et paffa du côté de l'ennemi.

Je fus averti le 21me le matin par le General Winterfeld, que l'armée pourroit abreger le chemin, fi elle laiffoit Rumbourg à gauche, et qu'elle marchâ droit aux hau-

hauteurs de Unterhennersdorf, où il en attendroit l'arrivée avec l'avantgarde. J'appris le même jour par le General Schmettau, qu'il étoit arrivé le 19. à Zitta, où il avoit rencontré un corps de 15000 hommes fous le commandement du Prince d'Arenberg, et qui l'y avoit prévenu. Il y trouva de l'Infanterie poftée fur l'Eckersberg, qui le canonnoit fans effèt, et environ 30. Efcadrons firent mine de l'attaquer en flanc et par derrière. Le General, ne trouvant pas là un bon pofte à prendre pour lui, fit entrer toutes les troupes dans la ville, et faute de fourage, il en fit fortir la Cavallerie le 20me, et l'envoya joindre le General Winterfeld. L'avantgarde avança jusqu'à Spitzkannersdorf, et l'armée campa fur les hauteurs de Unterhennersdorf le long d'un étang, afin de ne pas manquer d'eau. Le General Schmettau nous fit avertir, que la plus grande partie de l'armée ennemie étoit arrivée le 12me, que fon camp s'étendoit depuis Grottau jusqu'à

B 3   Gis-

Gismannsdorf, ayant la Néiſſe en Front, et que le Prince Charles avoit fait ſommer la ville, et reçû la reponſe ordinaire.

L'ARMEE marcha le 22me à la pointe du jour; le peu de bagages qui nous reſtoit, eut ordre de ſuivre l'armée. Etant arrivés au haut de Kalberbuch, nous découvrimes le camp ennemi au de-là de la Néiſſe, et deux corps conſiderables dont l'un fut poſté au deça de la Néiſſe et l'autre au deça de l'Eckersberg. Peu àprès un corps de Cavalerie allemande s'approcha file à file de la plaine, pour obſerver notre mouvement. La tête de l'avantgarde avança juſqu'à Herbsdorf, où l'ennemi avoit placé de l'Infanterie avec des canons ſur le cimetière. C'eſt pourquoi on trouva à propos de prendre à gauche, et d'aller au tour de ce village qui eſt fort long; ce que nous fimes auſſi. La Cavalerie ennemie qui nous avoit obſervés, ſe poſta ſur une hauteur au bout du village d'Herbsdorf à main droite.

QUAND

Quand nous eumens fait le tour du village, et répris à droite au bout du dit-village, la tête de la Colonne fit halte, on assembla les Generaux pour deliberer sur les moiens d'aller prendre le pain de Zittau? Le General Winterfeld fut d'avis, de faire marcher l'armée sur deux colomnes le long d'Herbsdorf, qu'il faloit laisser à main gauche, et d'approcher de Zittau l'aîle droite de l'armée, soutenant qu'alors on pourroit aller prendre le pain sans danger. Les Generaux qui connoissoient le terrain, firent l'objection, que, si nous marchions avec toute l'armée à la plaine, et que l'ennemi se fût caché dans les ravines au pied d'Eckersberg, nous serions obligés de faire front, aussitot qu'il en sortiroit. Dans ce cas notre aîle droite seroit incommodée de la Cavalerie qui avoit observé notre marche, et derriere la quelle on ne pouvoit savoir, s'il n'y eût encore quelque Infanterie cachée, et notre aîle gauche seroit tout-à-fait exposée aux canons d'Eckersberg.

berg. Si outre cela l'ennemi détachoit un corps pour occuper les hauteurs, que nous tinmes, toute l'armée feroit tellement renfermée, qu'il feroit mal-aifé de fe tirer d'affaire. Pendant qu'on déliberoit l'ennemi nous tira de cette incertitude, en faifant défiler beaucoup de troupes derriere Seifersdorf, et qui s'approcherent des hauteurs, où il appuioit fon aîle gauche. Ce mouvement fixa la pofition que nous eumes à prendre; notre aîle gauche s'arrêta fur les hauteurs, où nous fumes, ayant Oderwitz derriere le dos, un Bataillon occupa une vieille Redoute, et l'aîle droite fe tint le long du village d'Herbsdorf que l'ennemi avoit abandonné. Le General Winterfeld marcha avec quelques Bataillons vers Zittau, et le General Schmettau fortit avec deux Bataillons de la ville pour aller au devant de lui apporter à l'armée du pain pour un jour et demi. L'ennemi canonna le General Winterfeld fans lui faire tort. Quand tous les poftes furent occupés, et qu'on qu'on avoit pris les meilleures mesures, en profitant du terrain, et n'étant éloigné de l'ennemi qu'à la portée d'un canon: on donna aux troupes les ordres de ne point dresser de tentes, et de demeurer habillées.

LE corps de Cavalerie que l'ennemi avoit posté sur les hauteurs de notre aile droite, se replia à l'approche du General Winterfeld, les hauteurs furent occupées des nôtres, et c'est-là que s'appuia notre aîle droite.

L'ENNEMI fit tout le jour défiler les troupes sur le petit pont de Schonau. Sur le soir presque toute son armée se trouva en deça de la riviere vis-à-vis de nous, plusieurs deserteurs de l'ennemi deposerent, qu'on avoit donné les ordres de ne point dresser de tentes. Nous crûmes être attaqués le lendemain, la superiorité de l'ennemi en troupes l'y auroit dû porter. Les batteries de l'ennemi étant prêtes, il se mit à bombarder bien vivement la ville de Zittau du 22me jusqu'au 23me, tout fut en feu sur le midi, il ne tira point sur la garnison. Le 23me au matin, lorsque tout fut tranquille, je fis tracer le camp, et dresser les tentes, l'ennemi fit la même chose. Le General Rebentisch eut les ordres de marcher avec quelques Bataillons à Zittau, et d'y mener les chariots de l'armée pour être chargés de pain et de farine. La trop grande chaleur et les maisons à demi brulées qui tomberent les unes sur les autres, l'empecherent d'executer cet ordre. Vers une heure le Commendant me fit dire, que la chaleur causée par l'embrasement, le mettoit hors d'état de se tenir plus long tems, et qu'il attendoit de nouveaux ordres.

Je lui fis dire de soutenir son poste autant qu'il lui seroit possible, de sortir après cela avec la garnison, et de venir joindre l'armée. Cela se fit sur le soir. Les six Bataillons qui composoient la garnison, arrive-

arriverent heureufement à l'armée, fans avoir perdu un feul homme par l'ennemi, mais plufieurs par la défertion. Un Bataillon de Grenadiers formé des Regimens de Saxe, battit la chamade, força le Frauenthor, et s'enfuit vers l'ennemi, à 100 hommes près qui arriverent auffi à l'armée. Le Colonel de Dierafil qui en étoit le Commandant, fut coupé de fes gens par une maifon renverfée, lui et la divifion qui couvrit le drapeau furent faits prifonniers, comme auffi le major ainé de Kleift du Regiment du Margrave Henri avec les drapeaux.

Toute la ville de Zittau fut réduite en cendre, fans que nous fuffions en état de la fecourir, l'ennemi la bombarda de l'autre côté, où nous ne pumes aller, fans défiler avec l'armée. Ne pouvant fauver la farine, et n'ayant du pain que pour un demi-jour; il ne nous reftoit qu'à décamper au plutôt poffible.

On fit la difposition fuivante:

Le General Schultz marcha le 24me à 6. heures le foir avec quelques Bataillons, et quelques Hufars et les bagages de l'armée. Les 10. Bataillons et les 30 Efcadrons qui compofoient l'avantgarde, et que commandoit le General Winterfeld devoient prendre les armes à dix heures. L'armée devoit fur la minuit fe mettre en marche fur une colomne.

L'arriere-garde forte de 12. Bataillons et de 20. Efcadrons fous le commandement des Generaux Leftwitz et Zieten, devoit occuper les hauteurs, et couvrir la marche de l'armée.

L'armee devoit marcher à gauche, laiffer à droite la forêt nommé bois royal, et paffer à un quart de mille autour de l'aîle droite de l'ennemi, pour venir au grand chemin qui mene par Ruppersdorf, Herrnhut, Strahwald et Loebau. Cette difpofition fut heureufement executée du 24me

au

au 25me, mais avec la difference, que dans l'obscurité quelques Regimens de l'avant-garde se croiserent, et manquerent le chemin du rendez-vous, par là il arriva que l'armée qui devoit être partie après minuit, ne le fut qu'avec l'aurore. Nous crumes tous, que notre arriere-garde seroit attaquée avec fureur: on peut dire que nous fumes à la discretion de l'ennemi qui pouvoit faire une disposition qui nous auroit fort retardés, et contre la quelle sa superiorité de force nous auroit sans doute empeché de nous défendre. Ce ne fut qu'une vaine prévoyance, l'ennemi ne nous allarma point, et nous fimes la marche sans mauvaise rencontre. Notre arriere-garde ne fut suivie que d'environ 500 Husars qui harcelerent notre compagnie franche.

L'ARMEE arriva dans le Camp de Loebau à une heure après minuit, le General Schultz y fut déja arrivé avec les bagages sans avoir perdu un seul chariot. Le 26me fit Camp de séjour, et le pain arriva de Budissin. Le 27me nous marchames à Budissin, le General Winterfeld Campa avec l'avantgarde sur les hauteurs de Hochkirchen, ce poste assura la communication avec la ville de Loebau, en cas que le Roi eût eu dessein de rentrer dans ce Camp, le 28me le General Winterfeld décampa à l'approche d'un corps ennemi, et vint joindre l'armée près de Budissin. J'appris que le Roi y arriveroit avec 16 Bataillons et 28. Escadrons.

Le 29me il envoya son Aide de Camp Oppe avec les ordres de montrer à celui-ci la situation du Camp, afin qu'il en pût faire le rapport au Roi qui vouloit regler son Camp sur le nôtre.

A dix heures le Roi arriva à l'aîle droite de nôtre Camp, accompagné de la Garde du corps, des Gens d'armes et des fourriers, à qui il fit marquer le Camp pour les Regimens qu'il amena. Je montai à cheval

val pour aller au dévant du Roi, accompagné du Duc de Bever, du Prince de Würtemberg et des principaux Generaux. Le Roi ne nous eut pas plutôt apperçû, qu'il tourne son cheval, et se tient à peu près un quart d'heure dans cette posture. Mais il faloit retourner enfin pour faire place aux fourriers. Je m'approchai de lui pour lui rendre mes devoirs. Mais il ne dit mot, ne daigna pas me regarder, et m'ôta à peine le chapeau. Le Duc de Bevre et les autres Generaux ne furent pas mieux reçus. Peu après il appella le General Goltz, et lui dit: dites à mon frere, et à tous ses Generaux que pour pien faire, je leur dévrois faire trancher la tête à tous. Ce compliment n'étoit pas agréable, quelques Generaux en furent affligés, d'autres facheux, et encore d'autres le tournerent en raillerie.

J'appris que le Roi avoit défendu aux Regiments qu'il avoit amenés, tout commerce,

merce, avec ceux qui furent sous mon commandement, sous pretexte: que mes Officiers et mes soldats avoient perdu courage et ambition. Le Roi chassa le General Schultz que j'avois envoyé savoir le mot du guet pour mon armée, et lorsque je fus lui remettre moi-même les listes et les rapports de l'armée, il me les prit bien vite d'entre les mains, et me tourna le dos.

On ordonna au General Schmettau de se retirer de devant les yeux du Roi, et d'aller à Dresde avec la prémière commodité.

Apres cet honteux traitement je pris la resolution de quitter le Camp, et de m'aller loger à Budissin. Le lendemin j'écrivis la lettre suivante au Roi.

Mon Cher Frere,

Les lettres que vous m'avés écrites, et l'accueil que vous me fites hier, me font assez connoitre, qu'à votre avis, je me suis perdu d'honneur et de réputation. Cela m'afflim'afflige, mais ne m'abaisse point, n'ayant pas le moindre reproche à me faire. Je suis parfaitement convaincu, que je n'ai pas agi par caprice, je n'ai pas suivi les conseils de gens, incapables d'en donner de bons, j'ai fait ce que j'ai crû être convenable à l'armée. Tous vos Generaux me rendront cette justice. Je tiens inutile de vous prier de faire examiner ma conduite, ce seroit une grace que vous me feriés, ainsi je ne saurois m'y attendre. Ma santé a été affoiblie par les fatigues, mais plus encore par le chagrin. Je suis allé me loger à la ville, pour me rétablir.

J'ai prié le Duc de Bevre de vous faire les rapports de l'armée, il vous peut rendre raison de tout ; Soyés assuré, Mon Cher Frere, que malgré les malheurs qui m'accablent, et que je n'ai pas merités, je ne cesserai jamais d'être attaché à l'Etat, et en membre fidelle de ce même Etât; ma joie sera parfaite, quand j'apprendrai l'heureux évenement

ment de vos entreprises. J'ai l'honneur d'être.

* * *

Le Roi me fit la reponse suivante, écrites de sa main.

Mon Cher Frere,

Votre mauvaise conduite a fort délabré mes affaires. Ce ne sont pas les ennemis, ce sont vos mesures mal prises qui me font tout le tort. Mes Generaux ne sont pas à excuser, ou parce qu'ils vous ont mal conseillé, ou qu'ils vous ont permis de prendre de si mauvaises resolutions. Vos oreilles ne sont accoutumées qu'à écouter les discours des flatteurs. Daun ne vous a pas flatté, et vous en voyez les suites. Dans cette triste situation il ne me reste qu'à me porter à la derniere extremité. Je vais combattre, et si nous ne saurions vaincre, nous allons tous nous faire tuer. Je ne me plains point de votre coeur, mais bien de votre incapacité, et de votre peu

de

de jugement à choisir les meilleurs moiens. Quiconque n'a que peu de jours à vivre, n'a que faire de dissimuler. Je vous souhaite plus de fortune que je n'en ai eu; et que tous les maux et les avantures désavantageuses que vous avés eues, vous apprennent à traiter des choses importantes avec plus de soins, de raison et de resolution. La plus grande partie des malheurs que je prevois, ne vient que de vous. Vous et vos enfans vous en serés plus accablés que moi; soyés cependant persuadé, que je vous ai toujours aimé, et qu'avec ces sentimens je mourrai.

* * *

Je crus, qu'il valoit mieux, ne pas repondre à cette lettre: ayant appris, que le Roi marcheroit le soir à Weisenberg avec 18 Bataillons et 28 Escadrons, je lui fis demander par le Lieutenant Colonel Lentulus la permission de partir pour Dresde avec la prémiere escorte. Le Roi repondit, que
cela

cela dependoit de moi-même, et qu'une escorte partiroit encore le même soir.

Tous les Generaux qui avoient été sous mon commandement, étoient venu prendre congé de moi, et tous approuverent ma resolution. Le General Winterfeld étant trouver le Roi, eut un entretien de deux heures avec lui. Il se vantoit, que le Roi l'avoit excepté du nombre des Generaux dont il n'étoit pas content. Le Duc de Bevre que le Roi ne regarda point, en fut bien chagrin; Winterfeld n'avoit rien fait, et conseillé de mieux, que tous les autres, cette distinction excita beaucoup de soupçon, et plus encore, lorsqu'on apprit, qu'il avoit eu une Correspondance secréte avec le Roi. Je partis le soir à cinq heures avec deux Bataillons de Hautscharmoi et 400 chariots. Nous couchames dans un village, et le 13me à midi j'arrivai à Dresde. J'écrivis d'abord au Ministere et à tous les Gouverneurs des

For-

Forteresses de Silésie, pour leur montrer l'impossibilité, où j'étois de leur envoyer du secours.

Le Roi, pour se défaire de leurs plaintes, les avoit tous addressés à moi, leur signifiant, que j'étois autorisé de leur envoyer le secours necessaire à mettre la province à couvert des pillages des troupes legeres, et tout cela dans le tems qu'il savoit, que j'étois environné de toute l'armée autrichienne, et que j'avois beaucoup de peine à sortir d'affaire le mieux que je pouvois.

Correspondance
entre
Le Roi
et
Le Prince de Prusse
pour servir d'apologie.

Lettre Premiere
Du Prince de Pruſſe au Roi.

au Camp de Bunzlau
le 1. Juillet 1767.

Mon Cher Frere,

Je ſuis arrivé cette après-midi dans ce Camp-ci avec tous les chariots, les Huſars ennemis nous ont bien attaqués, mais nous ne

ne fimes pas la moindre perte. Il est de mon devoir de vous parler franchement de l'état où nous sommes. Soyés sûr que j'ai parlé aux Generaux, avant que d'écrire cette lettre. Il n'y a ni un quartier de farine, ni un pain pour l'armée à Bunzlau. Notre Camp est aussi bien établi, qu'il s'est pû faire, parce qu'il s'agissoit de soutenir la ville. Le Camp n'est que trop fort en front, mais si l'armée ennemie venoit à passer l'Elbe près de Brandeis, comme il paroit par les nouvelles que nous en avons, nous sommes coupés de Leutmeritz. Nous sommes maintenant environnés des troupes legeres de l'ennemi, si bien qu'il n'y a ni liqueurs, ni vivres dans le Camp. L'ennemi semble avoir pour but, de nous forcer par la faim, car la sortie du Camp sera plus difficile à la vue de l'armée ennemie. De plus, nous manquons d'eau; car l'aîle droite, pour n'être pas coupée par trois gorges, a dû être posée, comme elle l'est maintenant, ce qui l'éloigne de l'Iser.

Les Regimens ont fait charier leurs blessés à Zittau. La plûpart des Regimens n'ont pas leurs chariots de bagage avec eux, ainsi je crois qu'il sera difficile d'envoyer jusqu'à la moitié du chemin de Leutmeritz, autant de chariots qu'il en faut pour aller prendre du pain.

Vous proposant, *mon Frere*, ce que je crois devoir faire en faveur et pour la sureté de l'armée, je vous déclare que ce conseil ne vient pas de moi seul, mais des Generaux qui ont plus d'experience que moi, que si nous pouvions au plutôt poser notre camp à Neuschloss, nous pourrions commodement vous joindre d'ici comme auparavant. Nous couvrons par là la Lusace, et selon les circonstances de l'affaire, nous pourrions plus aisément passer en Silésie. Le convoi du General Brandeis nous peut joindre sans peine. Il y auroit plus de vivre au Camp, et les Soldats seroient contens, ce qui est la principale chose

fe dans l'état préfent. Voilà la véritable fituation, où nous fommes.

Nous avons vû un corps confiderable de troupes legeres qui campe près de Strenitz, pas loin de notre Camp. Nous fommes feparés par un chemin creux. Les de- deferteurs qui viennent d'arriver, affurent, que le Prince Charles paffera aujourd'hui l'Elbe avec fon armée pour nous attaquer ou venir camper près de nous. Si cette nouvelle eft véritable, et que je demeure dans le Camp: ce que je ne fuis pas fûr de foutenir avec honneur, en cas que je fois attaqué; je m'acquiterai de ce que je vous dois à vous, à l'Armée et à l'Etât.

Je dis donc, qu'en cette rencontre je marche fans attendre vos ordres, mais en cas que l'ennemi ne paffe pas l'Elbe, j'attens une reponfe à la quelle je me foumets, comme je dois; vous pouvés être perfuadé, que tout ce que j'ai l'honneur de vous écri-

écrire, est conforme à la vérité. Je suis avec le plus profond respect.

Lettre. II.
Du Prince de Prusse au Roi.

au Camp de Bunzlau
le 2me Juillet 1765.

Mon Cher Frere,

Vous aurés vû par ma derniere lettre, quels avis nous a apporté un Husart ennemi et une femme de Brandeis. Tout cela me paroit conforme à la verité. Nous nous donnons toutes les peines du monde pour avoir des nouvelles de l'ennemi. L'un de nos trompettes revenu de l'armée de Daun, a apporté une lettre datée du camp de Lissa, ainsi il est vraisemblable que l'armée du Prince Charle est au deça, et celle du Marechal de Camp Daun au de là de l'Iser; tout le corps de Nadasti s'est allé camper près de Stranow et de Sobinka, ce camp

camp est séparé du nôtre par un chemin creux assez large. Le General Winterfeld s'est engagé à marcher avec quatre Bataillons à Lobes pour avoir des nouvelles plus certaines de l'ennemi. En cas que les choses ne changent, le Prince Maurice marchera demain avec son Regiment, avec le Bataillon de Grenadiers Finck, les Regimens de Brunsvic, de Stechau et cent Husars qui suivant vos ordres doivent venir prendre le pain à Pleiswedel. Nous manquons de tous les vivres, ce misere fait raisonner le Soldat. Je n'ai rien autre chose à vous dire, je m'en rapporte à ce que j'eus hier l'honneur de vous écrire, et je suis.

LETTRE. III.

Du Prince de Prusse au Roi.

au Camp de Bunzlau, le soir
du 2me Juillet 1757.

Mon Cher Frere,

LE Prince Maurice vous fera un rapport exact de l'état et de l'impossibilité, où nous sommes de soutenir le Camp de Bunzlau; le manque d'eau, de fourage et de vivres en est la principale cause; mettez-y encore les avis qui nous viennent de tous cotés, que le Prince Charles a passé l'Elbe près de Brandeis, que Daun campe à Lissau, et le corps de Nadasti à Stranow, par où ils nous couppent les vivres et la communication avec Leutmeritz. Je me vois donc contraint d'occuper un Camp aussi sûr et mieux situé que celui-ci, je veux dire à Neuschloss. J'attends à tout moment le rapport du General Winterfeld qui est allé avec quelques Bataillons réconnoitre

noitre l'ennemi, dès que je l'aurai, je ferai la disposition de la marche. N'ayant point réçû de lettres de Leutmeritz, dépuis quelques jours, je crains, que les chasseurs n'aient été enlévés. Vous pouvés être assuré, mon Frere, qu'on ne negligera rien de ce qui est conforme à votre volonté et convenable à l'armée. Je suis etc.

Reponse.
Du Roi à cette lettre.

à Leutmeritz le 3. Juillet.

Un *Hussart déguisé m'apporta un petit rouleau*, sur le quel je trouvai ces trois mots:

Marchés à Hirschberg.

Reponse
Du Prince de Pruſſe à ce billet.

au Camp de Neuſchloſs
le 4me Juillet.

Mon Cher Frere,

Le Huſſart eſt heureuſement arrivé avec le billet. J'avois poſé le camp près de Hirſchberg, parce que je ne pouvois atteindre Neuſchloſs. La quantité d'équipages a fort retardé la marche. Nonobſtant cela, nous n'avons pas perdu un chariot, et l'arriere-garde ne trouve à dire qu'un homme du Bataillon le Noble. J'ai pris ce camp qui n'eſt qu'une petite mille de Hirſchberg, parceque dans l'état préſent, il eſt fort commode pour l'armée qui peut ſe délaſſer ici, et que nous ne manquerons pas d'abord de vivres. J'envoierai demain un Ingenieur à Leipa pour reconnoitre la ville; et la grandeur de la Garniſon ſera conformée à ſon rapport. Quand nous aurons mis garniſon

nison dans cette ville, nous manquerons moins de vivres, et nous gagnons d'autant plus de terrain à fourrager.

J'ai fait aujourd'hui savoir au General Brandeis de hâter sa marche. Le General Rebentisch peut renforcer son escorte à Zittau, où le Prince Maurice l'a détaché. Le Bataillon de Plok demeure à Goerlitz auprès des blesés, et le General Rebentisch joindra le General Brandeis avec les Bataillons de Kallkreut, et cinq Escadrons de Werner. Le Colonel qui est à Zittau retient un Bataillon de Pioniers et le Regiment Kursel pour en couvrir le Magasin.

Tous ces environs sont occupés de petites troupes de Husars et de Pandoures, nous n'avons pas le moindre avis de l'armée de Daun, outre qu'un trompette nous a apporté une lettre encore datée de Lissau.

JE

Je ferai reconnoitre les chemins qui menent d'ici à Leutmeritz, à Zittau et par Aicha à Hirſchberg en Siléſie, afin d'être prêt à tout évenement, le Prince Maurice m'a écrit, que le General Bülau eſt arrivé avec le pain à Pleiswedel, et que le Geral Meinecke nous l'apportera aujourd'hui. Les brigandages, et les deſordres que les Goujats et les femmes font, ſont tellement en vogue, qu'il ſera fort neceſſaire de faire un exemple, c'eſt pourquoi je vous prie de me mander comment me conduire pour cela. Je ſuis.

LETTRE DU ROI.
Qui eſt la reponſe aux prémieres lettres du Prince.

à Leutmeritz le 3. Juillet.

Moñ Cher Frere,

Vous ne pourrés plus vous rétirer en Siléſie. Il ne vous reſte donc d'autres retraite que la Luſace. Il faut fourager tous les quartiers, et ruiner tout ce que vous ne pouvés conſumer, pour rendre la ſubſtance difficile à l'ennemi. Dès que vous avés établi le Camp à Hirſchberg, la communication avec Leutmeritz ne donnera plus de peine. Il faut faire notre poſſible de nous ſoutenir jusqu'au quinzieme Août, et comme Zittau eſt un poſte de peu d'importance, je vous laiſſe à poſer votre Camp à Reichenberg, à Krottau, ou à Gabel. En cas que l'ennemi s'aviſe de ſe tourner vers la Luſace, il faut établir votre camp avec beaucoup de circonſpection, le laiſſer paſſer, le le suivre alors, et lui couper les vivres, par là il sera contraint de venir vous attaquer dans un terrain que vous pouvés choisir, en consultant le Duc de Bevre, et plusieurs autres Capitaines qui connoissent ces environs-là. Si l'ennemi va avec toute sa puissance à Landeshut, il faut que vous marchiés à Greifenberg pour lui couper les vivres. Winterfeld, et surtout le Major Cimbers, à qui ces lieux-là sont connus, peuvent disposer votre marche, et choisir votre camp. Ne precipités rien sur des avis incertains, et ne prenés point de resolution, avant que d'être sûr des vuës de l'ennemi. Faites courir le bruit dans l'armée, que vous avés un grand dessein, et que l'affaire auroit en peu une toute autre issuë. Je suis etc.

LETTRE DU ROI.
Qui est la reponse à la quatrieme lettre du Prince de Prusse

à Leutmeritz le 5. Juillet

Mon Cher Frere,

JE suis bien satisfait du Camp que vous avés établi à Neuschloss, et vous l'avés posé, comme il le faut, pour l'état présent. Ayant appris, que l'ennemi a des vuës sur Tetschen, il faut être sur vos gardes, et empecher qu'un corps ennemi ne s'établisse entre votre Camp et l'Elbe. Car supposé qu'un corps ennemi vînt camper dans ces quartiers, il faut que vous détachiés aussitôt un corps vers Budissin, qui obligera l'ennemi à désister de son dessein. En cas que toute la puissance ennemie, aille à Leutmeritz, ce qui nous obligeroit à nous joindre, j'ai choisi un Camp entre Ploschkowitz et Zaorzan, qui est très fort,

mais

mais cette conjonction ne doit se faire qu'à toute extrémité.

J'ai reçu la nouvelle, que l'armée du Prince Charles est marchée à Wittendorf. Mais je n'en crois rien. Si vous avés quelquechose à me faire tenir, il faut prendre pour cela un Huſſart qui ſait la langue hongroiſe, et l'habiller en Autrichien; ſous cette figure il paſſera ſûrement par les poſtes, et ſi on venoit à le découvrir, n'importe, parce que la Lettre eſt écrite en chiffre, mais vous lui pouvez donner l'aſſurance, que, quand il arrivera, il aura toujours 6 Ducats. J'ai donné aux Commandans des Fortereſſes de Schweidnitz, de Neis, de Glatz de Koſel, et au Colonel Kreutz les ordres de vous faire les rapports de tout ce qu'ils ſauront des mouvemens de l'ennemi, et des lieux où il a établi ſes magaſins, par où l'on pourra juger, quelles ſont ſes vûes. Au reſte ſi le brigandage et le déſordre des femmes et des goujats continuent, il

ſera

fera bon de faire un exemple, et de faire pendre quelques uns de la canaille. Je suis.

REPONSE
du Prince de Prusse à la prémiere lettre du Roi

au Camp de Neuschloss
le 6. Juillet le matin.

Mon Cher Frere,

Depuis la nuit du 30me Juillet je n'ai point reçu de Lettre par quelque chasseur; je crains qu'il ne soit difficile d'entrenir la communication avec la ville de Leutmeritz; à moinsqu'on ne mette garnison dans les villes d'Ausche et de Drum, mais ces lieux n'étant pas tenables: en cas que l'ennemi les attaque avec force, je ne le voudrois pas conseiller.

Vous voulés que nous fassions notre possible de nous soûtenir en Bohême jusqu'au

qu'au 15me Aôût, c'eſt le manque de vivres et de fourages qui rendra ce deſſein difficile. Tout ce que je crois pouvoir faire, c'eſt d'attendre les ordres, avantque de faire le moindre mouvement avec l'armée; et ſi ſelon la rencontre il faudra prendre d'abord ſa reſolution, vous pouvés être ſûr, que je m'entretiendrai là-deſſus avec les Generaux les plus experimentés, et avec ceux qui connoiſſent le païs, et que ſurtout on ne reſoudera rien à l'étourdie. J'ai reçu un billet du General Brandeis, qui eſt arrivé le 2me à Zittau, et je lui ai écrit de ſe mettre en marche avec 700 chariots, et avec l'argent; comme il paſſera près de Gabel, j'avois détaché le Major Billerbeets avec un Bataillon de Grenadiers pour lui en faciliter le paſſage. Le Major vient de me mander, que l'ennemi l'a prévenu, et que pour cela il s'eſt arrêté avec le Bataillon à Leipa. Un homme venu comme deputé de Reinchſtadt pour s'excuſer auprès du Commiſſariat de ce que la ville n'a pas
livré

livré les provisions imposées, parce que les Autrichiens avoient gardé tous les chemins, me dit, qu'il avoit vû des dragons et des Cuirassiers, et qu'il avoit oui dire, que le corps de Nadasti avoit passé l'Iser à Munchengraetz pour marcher à Zittau, et que l'avant-garde de ce corps étoit près de Nimes. Ces avis ne nous ont pas peu troublés à l'égard de la marche du General Brandeis; pour en être sûrs, nous envoyerons aujourd'hui deux Patrouilles fortes, l'une vers Gabel, et l'autre vers Nimes, réconnoitre la puissance de l'ennemi, et comme nous ne pourrons nous passer de la communication avec Zittau, la force du détachement, qui doit s'emparer de Gabel, sera proportionnée au rapport que les Patrouillent feront. Le General Brandeis est informé de tout, et a les ordres de ne marcher que quand on le lui mandera. Le Regiment de Brand est entré aujourd'hui à Leipa, où la boulangerie s'établira.

Le General Golz à écrit au General Retzau touchant le pain, et il demande un nouveau transport de farine. Notre Infanterie est forte de 21135. hommes, et la Cavalerie de 6037. chevaux, les Hussars y compris. J'ai l'honneur d'être etc.

LETTRE
du Prince de Prusse au Roi.

au Camp de Neufchlofs
le 6. Juillet après midi.

Mon Cher Frere,

Nous tenons les avis suivans de trois differens espions que le General Werner a envoyé épier les actions de l'ennemi. Le corps de Nadasti doit marcher sur trois colomnes, la première est composée de Hussars, de Pandoures, de Cavalerie et d'Infanterie reguliere, qui arriverent hier à Nimes; ils ont pour but de nous couper

la

la communication avec Zittau. La seconde colomne se trouve à Hirschberg, et consiste dans les 3. Regimens de Cavalerie de Saxe, en quatre Regimens de Hussars et mille Pandoures. Le reste du corps de Nadasti est maintenant entre Dauba et Berstein. L'armée de Daun doit avant hier avoir passé l'Iser près de Benatek, et faire aujourd'hui une marche en avant. On dit hautement dans l'armée ennemie, qu'elle avoit en vuë de nous couper de Zittau et du Magasin. Tous ces avis, confirmés par nos Patrouilles, m'ont porté à suivre le conseil du General Winterfeld, et à poser le camp à Leipa, où le General Brandeis, passant par Georgenthal, nous pourra joindre. Après cette jonction nous sommes en état de détacher un grand corps vers Gabel. La communication avec Leutmeritz n'en sera pas plus difficile que de ce camp-ci. La principale raison qui m'a portée à faire cette marche, est la conservation de la communication avec Zittau, et la jonction du Ge-

neral

neral Brandeis avec les provisions et la caisse de guerre, deux choses qui courent risque d'être perdues, si elles ne sont assez couvertes.

Le General Winterfeld marchera demain à Georgenthal avec cinq Bataillons, et un Regiment de Dragons et de Hussars, pour vuider le chemin de Zittau. Je n'ai pas encore reçu le rapport du Major Belling qui patrouille vers Gabel. Je suis etc.

REPONSE
du Roi à la lettre précédente.

à Leutmeritz le 7. Juillet.

Mon Cher Frere,

J'ai reçu vos deux lettres du 6me sur le même sujet. J'agrée pour ce coup la marche que vous avés faite avec l'armée, mais j'espere, que dès à présent vous ne reculerés plus, afinque vous ne vous trouviés pas

pas au milieu de la Saxe, sans y penser. Il me semble, que le poste de Neuschloss étoit assés fort, et vous n'aviés qu'à détacher deux grands corps qui eussent pû aller au devant du General Brandeis, lui faciliter le passage. J'ai maintenant lieu de craindre, qu'il ne soit attaqué de l'ennemi, avantque de vous joindre, parce que les Hussars m'ont rapporté, qu'ils avoient entendu tirer dans les environs de Gabel, ce qui ne sauroit être autre chose. Le corps de Hussars qui a été détaché contre vous, ne sauroit être aussi grand qu'on le fait, parce que l'ennemi a détaché deux Regimens de Hussars pour aller à la ville de Nurnberg. Un Regiment campe dans ces environs, et trois Bataillons sont encore avec l'armée. Quand vous aurés la farine et l'argent que le General Brandeis vous apporte, je vous prie au nom de Dieu de ne marcher plus à reculons, car je vous prédis, qu'il n'y a point de fourage en Saxe, ainsi en vous y retirant, vous manquerés
de

de tout, et par conſequent tout ſera perdu.
Nous avons reçu ce ſoir par un trompette
des lettres du Marechal de Camp Daun.
La Lettre vient de Coſmonos. J'eſpere que
vous aurés reçu celle que je vous ai fait
tenir ce matin par un Huſſart. Je ſuis etc.

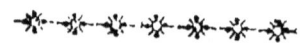

Lettre

du Prince de Pruſſe au Roi

au Camp de Leipa la nuit
du 7me au 8me Juillet.

Mon Cher Frere,

Nous ſommes entrés aujourd'hui dans le
nouveau Camp de Leipa, qui eſt bien fort,
et qui aſſurera la marche du General Brandeis.
Nous campons maintenant à trois
milles de Tetſchen, je ferai au plutot reconnoitre
les chemins de Budiſſin et de
Leutmeritz. J'ai reçu aujourd'hui avis des
Majors de Belling et de Billerbeeck. Ils ſont
heu-

heureusement arrivés à Gabel, et ont mis garnison dans la ville. Ils n'ont point vû de Pandoures pendant leur marche, cinq cent Hussars ont escarmouché avec les nôtres, nous n'avons perdu qu'un cheval.

Le General Winterfeld doit arriver ce soir à Georgenthal, il m'a fait dire, qu'il esperoit, que le chemin de Zittau seroit assuré demain, et qu'il avoit fait dire au General Brandeis de se mettre en marche. Dans ce moment un de nos trompettes revient. Il a été jusqu'au village de Walken, voisin de Hirschberg, où il a trouvé un Major avec un détachement du Regiment d'Odonell. Il a trouvé des Hussars dans tous les villages, par où il a passé, mais il n'a point vû de Pandoures. Il n'a point apporté de lettres, parce qu'on lui a dit, que j'en aurai demain du côté de l'ennemi par un trompette. Il est difficile de déviner les vuës de l'ennemi; car la quantité de troupes legeres empechent d'en rien savoir.

savoir, et l'on ne peut faire état sur l'avis des campagnards. L'armée de Daun doit camper près de Bunzlau, cela est vraisemblable, et le corps de Nadasti près de Hirschberg, et encore un autre corps s'est, à ce qu'on dit, mis en marche vers Weiswasser, et doit passer du coté de Zittau. Ce dessein sera bien aneanti par nos mesures.

Je n'ai pas la moindre nouvelle de l'armée du Prince Charles. Un des grands incoveniens de l'armée, c'est que pour faire une marche, il faut que je le sache trente six heures auparavant, afinque je fasse prendre le dévant aux bagages, en quoi j'abonde. Je les ai fait revoir par un Officier de l'Etat Major, pour me défaire de leur supperflu. Cependant il en faut garder beaucoup de ce dont les Regimens ne sauroient se passer. Les avis que me peuvent donner les Gouverneurs des Forteresses en Silésie, me feront bien connoitre les projets de l'ennemi, mais en cas quel'on

quel'on fasse dessein sur cette Province, et surtout sur le Magasin de Schweidnitz, je vous tromperois, si je vous disois, qu'en l'état où je suis, je pourrois contribuer à l'empecher suivant vos ordres. Je fis hier partir un Hussart deguisé avec une lettre, je ne sais, s'il arrive, j'ai fait trois copies de cette lettre, que je vous ai fait tenir pas trois differens mesagers. J'ai écrit aujourd'hui au Commandant de Teschen de m'apprendre, comment vont les affaires dans ces quartiers-là, je m'estime heureux de me conformer en toutes choses à vos sentimens. Vous pouvés être assuré, que mes voeux seront accomplis, quand je pourrai vous convaincre de mon estime et du respect avec le quel je ferai toute ma vie.

LETTRE DU ROI.

à Leutmeritz le 7. Juillet.

Mon Cher Frere,

J'ai des avis sûrs, que toute l'armée de l'Empire qui s'assemble à Furth, n'est forte que de 18000. hommes. C'est trop peu pour me faire une diversion. Je soupçonne presque, que les autrichiens ont en vuë d'entrer par Landshut en Silésie. Le General Kreutz m'a écrit, qu'un corps de 3000 hommes s'est montré en ces quartiers là, mais qu'il s'est retiré. Daun couvre les mouvemens de son armée par ses troupes legeres, cependant Dieu sait ce qu'il fait.

Entretenes un commerce continuel avec le Capitaine et Vice-Commandant d'O à Glatz, et avec le General Kreutz, afinque vous puissiez avoir avis de ce que l'ennemi entreprend dans ces quartiers-là, et faite bientôt la disposition de votre marche, en cas que vous y deviez passer. Le Gene-

General Winterfeld, et le Major des Ingénieurs Embers connoissent le païs, et les camps que vous aurés à prendre. Si cette Province devient le Théatre de la guerre, et que vous puissiés prévenir l'ennemi à Landshut, vous trouverés dans les montagnes des camps avantageux qui couvrent la Silésie. La prémiere chose que vous devés observer, c'est que, si vous êtes obligé de vous rétirer par la Lusace, vous serés contraint, en cas que Nadasti vous suive avec sa cavalerie, de lui opposer un corps que vous laisserés à Zittau, pour en empecher les invasions; en cette rencontre je ferai réléver ces troupes, et vous donnerai bien encore un renfort d'autant de troupes que je m'en pourrai passer. Je suis.

E Re-

Reponse
du *Prince de Prusse* à cette *Lettre*

au Camp de Leipa
le 8. Juillet.

Mon Cher Frere,

Le Hussart m'a sûrement apporté la lettre du septime. Le commerce que je dois entretenir avec les Commandans des Forteresses de Silésie; sera difficile, parce que toute la communication est interrompue par la quantité de troupes legeres de l'ennemi; cependant j'y ferai mon possible. Je vous demande en grace de me donner un ordre positif sur ce que vous voulés que je fasse: doi-je, couvrir la Silésie, ou demeurer en Bohème pour couvrir la ville de Zittau aussi long tems que j'ai du fourrage. Car si vous craignés une irruption en Silésie, et que j'y doive passer, je crois qu'il sera difficile, et même impossible de, prendre un autre chemin que par Zittau,

à cau-

à cause de la quantité de bagages, qu'il faut faire avancer, et charger des choses necessaires. Outre cela il faut prendre du Magasin de Zittau le pain, et y attendre que les chariots en soient chargés. Il faudroit du moins 15. Bataillons tels qu'ils sont maintenant pour couvrir Zittau, en cas que je passasse en Silésie; car le corps de Nadasti est crû être fort de 10000 hommes.

Le General Brandeis m'a écrit de Gabel, où il est arrivé le 7me avec les prémiers chariots, j'ai détaché le Colonel Crocae avec 2 Bataillons d'Infanterie et avec des Hussars et des Dragons pour lui faciliter la marche. Nous n'avons pas la moindre nouvelle de l'armée de Daun. Tout nôtre camp est environné de petites troupes de Hussars ennemis, mais ils n'osent sortir des bois. Un homme venu de Goerlitz, rapporte, qu'un corps ennemi y a campé sur le midi. Je tacherai à en avoir avis. Je

n'ai point reçu aujourd'hui de nouvelles du General Winterfeld. Il a eu pour but d'être aujourd'hui à Georgenthal, je crois qu'il y est, et que son rapport a été intercepté. Le General Goltz m'a assuré, que nous ne pourrons nous mettre en marche avant le 14me, parceque la farine n'arrivera que demain, et qu'il nous faut du pain pour six jours. Le General Winterfeld vient de retourner, il a Laissé 2 Bataillons à Reichstadt, et il n'a vu que 400 Pandoures et quelques Hussars, qui se sont d'abord retirés. Le chemin de Zittau est maintenant assuré par la Garnison de Reichstadt, et je crois que le General Brandeis arrivera demain au Camp.

Le General Goltz m'a dit, qu'il étoit absolument nécessaire d'ordonner, que l'on renvoie les chariots de Silésie, qui ont apporté la farine, et que la consomption en pain et fourage seroit autrement trop grande. J'ai suivi son conseil, et donné ordres pour cela.

Le

   69

Le General Winterfeld m'a dit, qu'il étoit, averti que ce ne sont que 600 chevaux qui marchent vers la Silésie; il espere être mieux informé des desseins de l'ennemi, ayant reçu un espion fort rusé. Je suis.

Seconde Lettre
du Prince de Prusse au Roi.

au Camp de Leipa
ce 10me Juillet.

Cette lettre est la reponse à la prémiere lettre du Roi du 7me Juillet.

Mon Cher Frere,

Le Hussart que j'envoiai hier à Leutmeritz avec la seconde lettre, n'ayant pu passer, est heureusement retourné ce matin. J'espere que celui-ci sera plus heureux, et je les lui confie toutes deux.

Le General Brandeis arriva hier heureusement ici avec tous les chariots de farine,

E 3   par

par là nous avons de la farine pour dix jours, et la Solde pour deux mois. Il a apporté l'augmentation. L'Infanterie a perdu 213 hommes par la defertion. Les poftes de Reichftadt et de Gabel étant occupés, le convoi a fûrement pû paffer, quelques Huffars et Pandoures fe montrerent à l'arriere-garde, mais ils furent repouffés par un coup de canon. Un trompette autrichien arriva hier avec une lettre du Général Morotz qui a fon quartier à Nimes, fon corps doit être fort de 5 à 6000 hommes, et compofé de Huffars et de Pandoures.

Je ferai demain retourner à vuide les chariots que le General Brandeis a amenés, et ils feront efcortés de deux Bataillons. Ces Bataillons demeureront à Zittau, pour les couvrir toujours, quand nous aurons à aller prendre de la farine de ce lieu.

Je vous envoye le rapport d'un deferteur et d'un autre homme. Et quoique je n'ajoute guere foi à ces difcours là, je n'ai pas

pas voulu manquer de vous le mander. Je ne fortirai pas de ce Camp fans ordres ni raifons importantes. Je n'ai jamais crû, qu'en paffant avec l'armée par Zittau en Luface, je m'y arrêtaffe plus long tems; mais j'ai bien crû, que je pafferois par la Luface en Siléfie pour en couvrir les frontieres. Ignorant tous vos deffeins, je crois avoir bien agi de faire reconnoitre les chemins de Zittau, et mettre garnifons dans les lieux qui couvrent le chemin. Monfieur le Collonel le Noble foutenu par cent Huffars, veut cette nuit attaquer un corps de Pandoures, il eft allé reconnoitre les chemins du bois, et croit les couper.

Il vient d'arriver un Trompette autrichien avec une lettre du Marechal de Camp Daun, dattée de Munchengraetz depuis le 7me. On m'a envoyé avec lui un valet qui a volé fon maitre le Capitaine Bos d'Itzenblitz, j'ai fait examiner celui-ci, et j'ajoute fa relation.

LETTRE.
Du Prince de Prusse au Roi.

au Camp de Leipa
le 11me Juillet.

Mon Cher Frere,

Nous avons fait partir aujourd'hui un Trompette autrichien pour Leutmeritz avec des lettres pour le General Retzau, et pour fa sûreté nous lui avons donné pour Compagnon l'un des nôtres qui avoit des lettres. Nous esperons que les postes avancés de l'ennemi le laisseront passer; ce coup a réussi, et nôtre Trompette vient de retourner, et de rapporter la lettre. Je vous prie très humblement de m'honorer de vos ordres pour les incidens que voici:

Tous les avis sont d'accord, que la grande Armée combinée a passé l'Iser près de Munchengraetz, et va camper à Nimes, où est maintenant le General Morotz; ce mouvement l'approche du chemin de Zittau

tau, qui y mene par Gabel et Reichstadt. Si l'ennemi y pose son Camp, il peut arriver à Zittau en même temps avec nous, et quand nous y voulons marcher, le plus proche chemin que nous aurons à prendre quoiqu'assez un practicable, sera celui de Georgenthal, si nous ne voulons, que l'ennemi nous prenne le Flanc.

Je vous envoie ci-joint la relation d'un deserteur autrichien et d'une femme, comme aussi le rapport du Major Belling à Gabel. Le General Winterfeld a taché de sonder le Trompette autrichien, qui arriva hier ici, et tout ce qu'il en a sû, c'est que le General Keit a été détaché avec 15000 homme. Je vous demande encore une fois la grace de me donner des ordres positifs, sur ce que vous voulés que je fasse. Outre cela il faut vous dire encore, que nous n'avons ici du pain que pour dix jours; et que le transport de farine que le General Brandeis a amené à Zittau, ne suffit que pour trois semaines.

Je ferai reconnoitre un Camp qu'on m'a conseillé d'occuper, en cas que Daun aille établir le sien à Nimes. Par là notre aîle droite s'étendroit jusqu'à Brins, nous aurions Walten en front, et notre aîle gauche seroit du coté de Gabel, et l'on couvriroit par là le chemin de Zittau.

Nous manquons ici principalement de viande, tous les Regimens ne sont pas pourvus de boeufs, et les habitans du païs n'en sauroient assez fournir, parce que les Hussars et les Pandoures y mettent obstacle. Le Noble a mis le feu à quelque baraques des Pandoures, et emporté leurs manteaux. Je suis.

LET-

Lettre
du Roi au Prince de Pruſſe.

Quoique cette lettre ſoit de plus ancienne datte que les précedentes; on ne l'a pû transcrire qu'ici, pour ne pas interrompre la connexion de pluſieurs reponſes précédentes.

à Leutmeritz le 8. Juillet.

Mon Cher Frere,

JE vous prie de vous bien tenir ſur vos gardes, et de ne pas divulguer ce que je vais vous écrire, et qui eſt de la derniere conſequence. Vous n'avés que faire de rien craindre pour Schweidnitz, cette place eſt pourvue de tout, et ne pourra aiſément être priſe, ſi ce n'eſt par un ſiége dans les formes.

LA premiere choſe que vous aurés à faire, c'eſt de joindre le General Brandeis avec la caiſſe militaire et les 700 chariots de farine et d'augmention, et de renvoyer auſſitot les chariots déchargés.

Voilà

76

Voilà après cela ce que l'ennemi peut faire.

1. Il peut former des projets fur la Siléfie. Je vois que maintenant —— il n'y penfe pas, et n'a pour but que de nous chaffer de Bohëme. Ainfi quand nous nous rétirerons en Saxe, ce qui doit bien fe faire d'aujourd'hui en fix femaines, et que l'ennemi fait tous fes efforts pour penetrer dans la Luface, et envoyer encore un corps vers Cotta, vous n'ignorés pas mes fentimens fur ce qui regarde la Siléfie aufli bien que la Luface. J'ai des avis fûrs, qu'il a détaché trois Regimens à Nurnberg. L'armée de l'Empire ne fauroit fe mettre en marche avant la moitié du mois d'Août.

— — — — —
— — — — —
— — — — —

(Comme il eft ici queftion des manoeuvres de Camp qui fe feront en Saxe, et qu'il fe peut faire, que cela s'execute encore avant la fin de la Campagne, on a trouvé à pro-

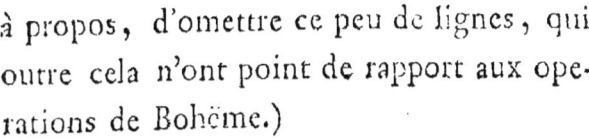

à propos, d'omettre ce peu de lignes, qui outre cela n'ont point de rapport aux operations de Bohême.)

Vous ferés la même chose en Lusace, mais comme nous ne sommes pas capables, d'agir offensivement des deux cotés, vous songerés à fortifier vos Camps, tandis que mes expeditions durent, alors je vous envoyerai du secours, ou je viendrai faire la même chose, et agir offensivement. En cette rencontre je vous conseille sincerement de donner vos attaques avec une aîle.

Pour apprendre bientot ces manoeuvres à vos Officiers, il faut vous depecher d'incorporer les Bataillons de Kahlenberg et de Baer dans les Bataillons ruinés. Les Regimens de Mansheim et de Wiedersheim seront unis à ceux de Bevre, du Prince Henri, de Munchaw, de Schultz et de Wied. Les Generaux en peuvent choisir les meilleurs Officiers pour les rendre complets. Les autres Officiers, le General Wie-

Wiedersheim, et ceux qui perdent les Compagnies feront payés de ma caiffe. Pourvû de tous ces fecours, vous pouvés rentrer dans le Camp de Neufchlofs. Cette marche en avant ne fera pas de mauvaifes confequences. Je fuis.

Reponse
du Prince de Pruffe à la lettre précedente.

au Camp de Leipa
le 12. Juillet.

Mon Cher Frere,

Je reçus hier au foir votre lettre du 8me, vous pouvés être affuré, que je n'abuferai pas de la confiance que vous mettés en moi, et que j'obferverai inviolablement le fecret fur tout ce que vous me mandés dans votre derniere lettre.

Vous voulés que je vous apprenne fincerement, et fans déguifement, de quelle maniere j'envifage l'état préfent des affaires.

res. Vous faurés déja fans faute, que le General Brandeis nous a heureufement joint, et qu'il a laiffé à Zittau de la farine à peu près pour un mois. Les chemins de Zittau font fort impraticables. Si nous voulons avoir du pain pour dix jours, il faut envoyer 550 chariots prendre la farine, avec une efcorte proportionnée à la force de l'ennemi. Depuis le Camp où nous fommes maintenant, tenant Gabel et Reichftadt, le convoi peut aller et venir en toute fureté, parceque nous fommes en état de foutenir ces deux poftes. Si un corps ennemi campe à Nimes, nous pouvons envoyer faire camper quelques Bataillons à Gabel; en cas que je doive pofer un Camp vers les terres baffes, je fuis garant, que l'ennemi ne m'en doit point empecher. Mais je ne puis garantir alors, que les chemins de Zittau demeurent libres, et fuppofé que l'ennemi nous prenne un feul transport de farine, nous manquerons de pains, ce qui tirera à confequence.

Sui-

Suivant les avis que nous avons de l'ennemi, il s'eſt campé entre Liebenau et Swigan, le corps de Nadaſti eſt devant ce camp, et le corps de Morocz près de Nimes, et fait l'avant-garde de Nadaſti. Il me ſemble, que le plus grand tort, que l'ennemi nous pût faire, ce ſeroit de prendre notre Magaſin. Celui de Siléſie eſt couvert par la foctereſſe de Schweidnitz. Il lui reſte donc celui de Zittau, auquel il pourroit bien avoir les yeux. Si je me tiens avec l'armée comme je ſuis, ils n'oſera rien entreprendre pour cela, parceque je pourrai arriver à Zittau avec lui, et peut-être que je l'y pourrai prévenir. Mais ſi je dois avancer avec l'armée, il eſt le maître de faire avancer un grand corps, et de couvrir celui-ci par l'armée.

Le manque de fourrage me portera à quitter ce Camp dans l'eſpace de huit jours. Je vous laiſſe donc à deliberer, ſi je dois avancer, ou former un Camp, ayant
pour-

pourtant peur de perdre la communication avec la ville de Zittau, ou si vous voulés, que je rentre dans le Camp de Gabel qui n'est pas loin d'ici, et par où je puis couvrir la ville de Zittau.

Les troupes legeres de l'ennemi se font rarement voir, le plus grand dommage, qu'elles nous font, c'est de mettre obstacle aux convois. La plûpart des Regimens manquent de bœufs, le General Goltz fait tous ses efforts pour nous en procurer par des contributions, mais qui sont peu respectées.

L'incorporation des Regimens ne doit peut-être se faire que quand les Regimens seront en Garnison; car, si cela se fait en campagne, il est à craindre que les soldats ne desertent beaucoup, avantque d'être connus de leurs Officiers.

J'attends vos ordres là-dessus, et je m'en acquitterai en toutes choses.

82

J'ai vû l'augmentation des Regimens, les gens font propres au fervice et affés exercés. La plûpart des chevaux font jeunes, ceux des Regimens de Kiow et de Schechow font dans le meilleur état du monde, le Regiment de Wurtenberg eft fort dechû, et n'eft point dans l'ordre qu'il faut. Le Major Dalwitz eft abfent et bleffé, ainfi fon Regiment n'a ni Chef, ni Officier commandant, ce qui eft caufe, qu'il a rendu de fi bons fervices au commencement de la campagne. Je fuis.

Reponse
du Roi à cette lettre.

à Leutmeritz le 14. Juillet.

Mon Cher Frere,

J'ai reçu votre lettre du 12me; fi vous reculés une fois, vous ferés adoffé dans un mois contre Berlin. L'ennemi ne fait que

vous

vous suivre. Si vous manqués de boeufs, envoyés-en chercher en Lusace. Si vous vous retirés, vous aurés manque de fourage, et le - - - vous prendra toujours en flanc, de quelque côté que vous tourniés. Nadasti campe à Gastorf, et Daun à Nimes, nous avons entendu sa retraite. Je vois que vous vous laissés emporter aux avis, et qu'on vous les grossit, vous avés les chariots de provision qui vous pourront apporter autant de farine qu'il vous en faut. Je trouve plus à propos et plus necessaire de détacher un corps de 5 à 6000 hommes à Schweidnitz pour couvrir les frontieres contre les incursions de Keil. Je me réglerai pour cela sur les avis que vous m'en donnerés.

Il faut que l'incorporation des Regimens de Saxe se fasse en même tems. Le Major Dalwitz est malade à Dresde. Je le porterai à retourner à son Regiment. Il faut cependant que le Colonel Puttkammer

mer prenne soin du Regiment comme du sien.

Ce qu'il y a d'ennemis ici, ne consiste qu'en 2. Regimens de Hussars, 2. de Cuirassiers et 4. de Dragons de Saxe, 6 Bataillons d'Infanterie Hongroise et environ 3000 Pandoures. Laudon se trouve à la Bascapol avec 1500 Husars et Pandoures, et 7 à 800 sont tantôt à Graupen, à Zinwalde et à Ossegg, tantôt à Marienschein et à Schneeberg; rabbattés tout cela du corps que l'on dit être contre vous, et vous verrés que l'on vous grossit le nombre des troupes qui vous environnent. Je suis.

Let-

LETTRE
du Roi au Prince de Pruſſe.

Cette lettre, quoiqu'auſſi de plus ancienne date que la précedente, n'a pu être placée qu'ici, à cauſe de pluſieurs reponſes précedentes qui doivent être enſembles.

à Leutmeritz le 10. Juillet.

Mon Cher Frere,

Nous avons depuis hier au ſoir un grand corps ennemi devant nous, qui ſe campe entre Wegſtadte et Sahurzan. Je ne vous puis dire, ſi c'eſt toute l'armée ou non. Ils ont detaché un grand corps vers Auche, que je crois fort de 4000 hommes. C'eſt à Teſchen que l'on en voudra, à ce que je puis juger. Vous étes à portée, et pouvés détacher un corps par derriere, ce que je ne ſaurois faire d'ici. Ainſi il ſera à propos de faire marcher auſſitot un corps de 7000 ou de 8000 hommes qui empechera les entrepriſes de l'ennemi. Je ſuis

Re-

Reponse
du Prince de Prusse à cette Lettre

au Camp de Leipe
le 13. Juillet.

Mon Cher Frere,

LE chasseur est heureusement arrivé cette nuit avec la lettre du 10me. Le General Winterfeld se mettra en marche avec 7 Bataillons de Dragons et 10 Escadrons de Husars, aussitôt que le pain sera cuit. On dit que les chemins de Budissin sont fort mauvais, et que les canons n'y pourront passer, ainsi le General Winterfeld marchera à Kamnitz, et il croit prévenir le corps qui, au dire de ses espions, veulent attaquer Teschen et Pirna.

JE viens de recevoir une lettre du General Kreutz, et une autre du Ministre Schlabberndorf qui me mandent que l'ennemi avoit pris Landshut. Le General Kreutz m'apprend, qu'il s'étoit retiré avec le Bataillon

taillon à Schweidnitz; les forces de l'ennemi me sont inconnues. Le General se rapporte à la lettre qu'il m'a écrite, et que je n'ai pas reçûe. Demain les chariots escortés de 2 Bataillons du Regiment de Zittau iront prendre de la farine pour neuf jours. En cas que vous me commandiés de marcher, il faut que je le sache 36 heures auparavant; afin d'envoier les chariots prendre le devant. J'ai maintenant encore 33 Bataillons, 35 Escadrons et 15 Escadrons de Husars avec moi. Je n'ai point eu de nouvelles de l'ennemi. Nous changerons de Camp cette après-midi, pour boucher l'ouverture et n'occuper pas trop de terrain. Un Trompette que nous avons fait aujourd'hui partir avec le bagage du General Treskau et d'autres Officiers prisonniers qui le desirent, vient de s'en retourner. Son reçû etoit signé du General Hadik et daté de Neuschloss. Je suis.

LETTRE.

Du Roi au Prince de Prusse.

au Camp de Leipa
le 23. Juillet.

Elle ne m'a été remise que le 22me.

Mon Cher Frere,

Pour vous mettre en état de faire un jugement de ce que nous avons à faire l'un et l'autre, il faut que je vous fasse d'abord une peinture de notre état présent.

Vous avés le Marechal de Camp Daun contre vous, et Nadasti est contre moi. Morocz vous peut prendre en flanc; Keil, s'il est détaché, marchera vraisemblablement à Landeshut. De l'autre coté les Suedois assemblent un corps de 17000 hommes près de Stralsund.

Les François sont entrés dans le païs de Hesse. On m'écrit, que 8000 hommes en ont passé la Weser, qui seront suivis de huit autres mille, ces 16000 hommes joindront,

dront, ce me femble, les troupes de l'empire, pour faire leurs operations dans le païs de Halberftadt et de Magdebourg.

Tous ces évenemens fans doute ne font pas bonnes, mais il faut tacher à bien executer ce que je vais vous dire. Pour vous, il faut que vous couvriés la Luface, car fuppofé que vous y manquiés, un effaim de troupes legeres ira par la Siléfie porter le fer et le feu jusqu'à Berlin, parceque je ne faurois les fecourir dans le tems. Je n'ai garde de vous ordonner la maniere d'executer ce deffein. Tout cela eft difficile, confultés vos Generaux les plus entendus, et choififfés toujours les meilleurs moyens fuivant les circonftances. Je ne vous préfcris rien, foit pour les poftes que vous avés à prendre, foit pour les marches que vous avés à faire.

Pour moi j'ai pour but de tenir les Montagnes de Saxe pour couvrir mon Magafin,

gasin, pour avoir l'Elbe libre, et m'opposer aux incursions des François. Pour la Pommeranie je renforcerai de 5000 hommes la Garnison de Stettin. Vous devés au plutôt possible faire marcher le Regiment de Bevre à Stettin. J'y envoye en même tems le Regiment du Prince Maurice.

J'AJOUTE à cela la nouvelle que je viens de recevoir, que les François ont pris la ville d'Embden, et le Marechal de Camp Lewald m'écrivit, qu'il s'attendoit à tout moment à la reddition de Memel, parceque les Russes assiegent la ville. Apraxin se retranche près de Kauen, la Flotte et les Galeres en veulent aux Côtes.

QUE cela fait perdre courage! Il faut que nous redoublions maintenant nos efforts. Je suis d'avis qu'il faut attendre notre sort d'une bataille décisive, qui se doit faire au plutôt de l'un ou de l'autre côté. Si cela ne se fait, les deux armées feront

feront perdues, avantque la Campangne foit finie. Vous aurés fans doute vû par ma derniere lettre de quelle maniere je veux que les Regimens foient incorporés. Vous avés les Regimens de Mansheim et de Widersheim, le Bataillon de Grenadiers Kallenberg et ceux de Beer et de Diezelsky à votre difpofition. Je vous permets que les Chefs choififfent, d'entre les Regimens de Saxe, les meilleurs Enfeignes et Sergens pour les mettre dans les leurs.

En cas que le Marechal de Camp Daun fe campe avec toute l'armée vis-à-vis de moi, vous pouvés détacher 8 à 10 Bataillons et les Hufars en Siléfie, et couvrir les montagnes, mais furtout la ville de Schweidnitz. On pourra envoyer au cas de befoin de la farine pour un mois du Magafin de Dresde. Vous en étes pourvû maintenant jufqu'au 12ᵐᵉ Août, et l'on vous en peut fournir jufqu'au 12ᵐᵉ Septembre.

Les

Les marches continuelles en reculant ne valent rien à la longue, vous manquerés toujours de fourages, de pain et d'autres vivres, et vous perdrés autant par la desertion que comme si vous eussiés combattu avec l'ennemi. Dans des conjonctures aussi désesperées que les nôtres, il faut choisir des moyens désesperés.

Apostille écrite de la main propre du Roi.

Il faut toujours vous tourner vers la grande armée, si elle détache un corps pour entrer en Silésie, faites la même chose, et en cas que l'armée se mette en marche vers la Silésie, et laisse un corps en Lusace; faites le même.

ANEC-

LETTRES DU ROI
AU
GENERAL DE FOUQUE'
TOUCHANT
LES EXPEDITION MILITAIRES
DE L'ANNEE 1759.

SECONDE PARTIE.

LETTRES du ROI
AU
GENERAL de FOUQUE'
TOUCHANT
LES EXPEDITIONS MILITAIRES
DE L'ANNEE 1759.

SECONDE PARTIE
Lettre. I.

à Bolckhain ce 3...
1759.

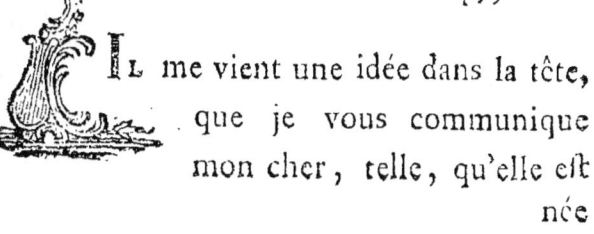Il me vient une idée dans la tête, que je vous communique mon cher, telle, qu'elle est née

née dans mon cerveau pour voir, s'il y aura moyen de l'executer. La voici: vous voyés le nombre d'ennemis que j'ai, et les forces, qu'ils raſſemblent, ils different encore de m'attaquer, peut-être à cauſe, que la ſaiſon n'eſt pas aſſez avancée, cela me donne envie, ſi cela eſt poſſible de deranger leur projets; ſoit d'un côté, ſoit d'un autre. Je ne puis rien operer ici, je puis chaſſer des troupes jusqu'à une certaine diſtance, mais non pas détruire des Magaſins, cela m'a donné l'idée d'agir en haute Siléſie, de leur ruiner les Magaſins de Troppau et de Hoff, ſi cela eſt poſſible; je vous prie de m'en dire votre avis, vous avés 15. Bataillons, j'y pourrois encore joindre 7. et 5. Regimens de Cavalerie; mandés moi, ce que vous en penſés, car je ne ſuis pas inſtruit du détail des autrichiens, de votre côté, ſi cela pouvoit ſe faire, nous gagnerions 2. mois ou 3. mois de repos de ce coté-là, ce qui ſeroit un grand article, et nous vangerions certains affrons,

que

que je prens encore à coeur. Votre reponse déterminera mon parti, et cela pourra se faire bien vite. Adieu, mon cher ami, je vous embrasse.

Fréderic.

Lettre. II.

à Buncelau ce 3. d'Avril.

J'ai pris, mon cher ami, tous les arrangemens, que vous proposés. Ramin sera vers les 3. heures de l'après-midi à Wartha, et le General Seidlitz avec 5. regimens de Cavalerie aux environs de Franckenstein d'où il vous écrira, et par où, nous pourrons avoir des nouvelles de tout ce qui s'est passé, je ne croi pas, que l'ennemi tente quelque chose du côté de Landshuth, à moins que je ne m'affoiblisse trop. A dire vrai, la saison est bien peu avancée pour agir, mais si je parviens à prévenir à présent les desseins de l'ennemi, ce sera autant degagné;

G   il

il reste à voir comment nous nous tirerons en suite d'affaire; les François les, Autrichiens et les troupes de l'empire ont été chassés de la Franconie, le Prince Ferdinand les poussera vivement, cela nous donnera de la tranquillité pour notre droite, il reste à voir, comment la gauche s'en tirera; il faudra être bien allerte, et compasser tous nos mouvemens, pour ne nous point laisser prévenir, et pour aussi ne nous point découvrir mal à propos. Adieu, mon cher ami, je vous embrasse. Quand cette chienne de vie se finira-t-elle?

Frédéric.

Lettre. III.

Ce 6.

Vous me faites une reponse normande, mon cher ami, je vous demande, s'il y auroit quelque chose à faire chez vous, et vous me renvoyés à une expedition du côté de Trautenau, où certes il n'y a pas grand'

grand'chofe à faire, he bien, quand je les aurois chaffé au de-là de Trautenau, qu'eft ce qui m'en reviendra, et où trouverai-je à vivre? ce païs eft mangé, et jusqu'à préfent on n'y peut fourager encore, comment vivre, comment faire paffer de la paille, de l'avoine, du foin, et tous les diables par ces maudites montagnes? Voilà l'inconvenient, vous me ferés plaifir de refoudre cette difficulté. Adieu, mon cher, je vous embraffe.

Lettre. IV.

ce 8. d'Avril.

J'ai reçu, mon cher, votre reponfe, je conviens, que l'expedition eft difficile, et incertaine, mais d'un autre côté je la trouve fi néceffaire, que je ne faurois la négliger, il faut l'entreprendre pour ne fe pas laiffer mettre la corde au cou, je vous fournirai 5. Bataillons et l'artillerie néceffaire,

faire, ainsi que les pontons; vous marquerés à Wendessen tout-ce qu'il faut; il faut prendre et le regiment de Bornstedt et de Mosel et de Bronswic et toute la Kyrielle avec vous, j'ai 5. regimens de Cavalerie tout prêts, mais que vous ne pouvés employer que pour passer l'Oppa, pour bloquer Tropau et Jaegerndorf, et qu'il ne faut point mener du côté de Mora, dont vous ne pouriés vous en servir; Tresslow pourra aussi être de l'expedition d'autant plus, qu'elle sert à couvrir sa forteresse. Dès que j'aurai reponse de Wendessen, je mettrai tout en branle, et dès que votre corps sera assemblé, vous n'avés qu'à operer d'abord, car je vous dirai de plus, que dès que cela sera fini, je rétirerai à moi les regimens, que je vous envoye, ainsi que le canon, que je vous prête, pour faire ici la même chose sur Nachhot, vous avés 20. mille hommes vis à vis de vous, nous en avons ici à peu près autant, si nous chassons ces gens là et leurs Dragons, et leurs

leurs vivres; Daun sera obligé de rechanger tout son plan, et voilà ce que nous voulons, et d'ailleurs de quelque côté, qu'il se tourne alors, je serai en état de le suivre, ce que je ne saurois à present, à moins de vouloir abandonner toute la Silésie. Adieu, mon cher ami, faites tous vos arrangemens, prompte reponse, et pour ce qui me regarde, je vous servirai de même avec la plus grande vigilance. Je vous embrasse.
Fréderic.

Lettre. V.

Ce 10.

Je vous envoye mon cher 16. Canons, 18. pontons, 4. Bataillons et 4. regimens de Cavalerie, tout cela sera le 13. à Neisse, et le 15. au plus tard chez vous. J'ai donné ordre à Treskow de vous fournir 6. hobus, et si vous le voulés quelques mortiers, je censois comme vous toutes les difficultés, qui vous rencontreroient dans votre chemin.

min. Les Hazards décideront de l'execution, mais je suis forcé par les conjonctures de me prêter à bien des choses, qui dans d'autres tems me repugneroient beaucoup, il faut essuyer l'affaire, si elle ne réussit qu'en partie, ce sera toujours un avantage qui les dérangera, si cela réussit tout à fait, ce sera admirable. Je ne me flatte de rien, et j'attens tranquillement ce que le Hazard décidera de l'entreprise, sûr que vous ne negligerés rien, et que ce ne sera pas votre faute, si cela ne réussit pas. Grand et Bulow vont avec ce Corps; vous aurés soin d'attirer à vous le regiment de Bornstaedt et de Mosel, je vous dirai, que si vous êtes heureux, que je vous redemanderai immediatement après l'expedition finie, la Cavalerie, les 4. Bataillons de Bulow et 6. Canons, qu'alors je me propose de tenter ici la même entreprise sur Nachhot et Braunau pour délivrer toutes les frontieres de Silésie de corps si fort à portée d'entreprendre, de sorte que si tout

tout cela réuſſit, je pourrai me tourner avec mon armée ſans crainte, ſoit contre les Ruſſes, ſoit contre Leopoldus. Vous comprenés donc, que ce m'eſt une néceſſité de prendre ces partis hazardeux, ſans quoi je ſuccombe, et ſuis ruiné avant la moitié de la campagne. Adieu, mon cher ami; je vous ſouhaite mille bonheur, je vous embraſſe, et ſuis tout à vous.

Fréderic.

Daun veut agir au commencement de May, il nous reſte 20. jours, ſi nous les employons bien, toute la frontiere ſera netoyée.

Lettre. VI.

Ce 12. d'Avril à Landshuth.

JE vous ai envoyé, tout ce que j'ai pu, mon cher ami, vous aurés 2. Bataillons de Neiſſe et 2. de Bornſtaedt, 4. que je vous envoye; mon détachement de Glatz m'a affoibli de ſorte, qu'avec prudence je ne

pouvois envoyer davantage, j'ai ici ce gros corps vis à vis de moi, et pour leur donner le change, je suis avancé ici avec tout mon monde, où j'attendrai tranquillement, quelle sera votre fortune, si elle est bonne, comme je le souhaite et l'espere, je pourrai ensuite avec votre secours déranger cette frontiere-ci, mais si cela ne réussit, qu'en partie, je serai obligé de prendre mes mesures en consequence. Le Prince Ferdinand continue à faire des progrès de son côté, ainsi que si tout prospere, nous aurons les coudées franches pour l'ouverture de la campagne, ou les choses deviendront plus difficiles et plus sérieuses. Adieu, mon cher, je vous embrasse de tout mon coeur, vous souhaitant mille prosperités et esperant d'entendre bientot de bonnes nouvelles.

Fréderic.

LETTRE. VII.

Ce 16. à Landshuth.

Nos ennemis, mon cher ami, ne s'attendent à rien moins qu'à ce qui va arriver, je leur donne ici toutes les jalousies, dont je suis capable; des regiments qui marchoient vers la haute Silésie sont retournés à Kœniggraegz, en un mot, je vous seconde de tout mon pouvoir, mon frere Henri doit aujourd'hui être entré en Boheme, pour y faire un ravage, je tiens la grosse masse à suspends, et je me flatte, que votre habileté jointe à la sécurité de l'ennemi, vous procurera les succès les plus brillans. Adieu, mon cher, je vous embrasse.

Fréderic.

Lettre. VIII.

de Lynaÿ le 17. avril.

Le Prince arriva le 15. au Camp de Nollendorff; les hauteurs derriere Peterswalda étoient occupées par mille hommes de Pandoures et d'Infanterie Hongroise postés derriere un abbatis considerable; après que les Battaillons francs les eurent chassés, une partie de notre avant-garde arriva le même soir à Aussig, et l'autre à Toeplitz, on détruisit la farine et le dépot de fourage, que l'ennemi avoit abandonné. On marcha le 16. à Lipai, on s'empara du Magasin de Lowositz et de Leutmeritz, où l'on a trouvé beaucoup de farine. L'on fit bruler tous les bateaux sur l'Elbe, et un Corps poussé en avant, s'empara du dépot, que l'ennemi avoit abandonné à Budin. Le General Hulsen marcha les 15. suivant la disposition du Paſsberg. L'Ennemi a été tourné par notre Cavalerie qui a passé par Prisnitz. Les 2. Regimens autrichiens Andlau et Königseck ont voulu maintenir

leur

leur poste, mais le Lieutenant Colonel Belling et le Regiment du Corps ont donné sur les Pandoures, et le General Renard; 51. Officiers, et 2. mille hommes on été fait prisonniers, on a pris 2. Etendars, 3. Drapeaux et 3. Canons. Nous n'avons eu tout ensemble en tués et blessés que 66. hommes. L'ennemi a laissé au delà de 200. morts sur la Place. Le General Major Aschersleben s'est emparé du Magasin de Saatz. En calculant ensemble tout ce que nous avons pris en fourage et farine, on peut en former un Magasin considerable. Nous apprenons dans le moment, qu'on a trouvé à Lebochowitz un Magasin d'avoine considerable, où l'on a fait 14. prisonniers du regiment de Schmerzing. Nous avons brulé tous les ponts sur l'Egre, et détruit tous les Magasins le long de ce fleuve. Nous apprenons dans l'instant, qu'on à trouvé mille tonneaux de farine à Worwizschan.

Fréderic.

LETTRE. IX. *

J'ai reçu votre rapport du 17me de ce mois, et j'étois charmé d'apprendre, que votre expedition a si bien réussi jusque là. Cela seul me trouble, que vous n'avés pas encore trouvé de Magasin. Cependant sachant certainement qu'il y a beaucoup de Magasins refugiés à Jaegerndorff, vû que ce lieu avant cela a gardé la neutralité, vous les pouvés prendre en tout cas, et les faire reconduire à Neusse, pour y profiter du moins quelque chose, si on ne vous en permet pas davantage. Si vous pourrés pousser les gens de l'ennemi dans les montagnes, vous trouverés çà et là des occasions de faire des prisonniers. Au reste je vous envoye ici un court Extrait de l'expédition favorable de mon frere en Bohéme. Je suis votre affectionné Roi.

Fréderic.

à Landshuth ce 20me Avril 1759.

S'il plaisoit au Ciel que vos gens de vis à vis fissent quelques sottises, peut-être auriés-vous occasion d'en profiter.

LETTRE. X. *

Votre rapport du 18me m'étoit une facheuse nouvelle. Vous me mandés, que vous n'avés pu pousser l'ennemi plus loin encore, que jusqu'aux bords de la Mora. Peut-être il est assez hardi de vous suivre, quand vous vous mettrés en marche. En ce cas vous auriés sans doute l'occasion de lui jouer un joli tour, qui repondroit peut-être à tous nos souhaits. Je suis votre bien affectionné Roi.

Fréderic.

à Landshuth ce 20me Avril 1759.

Tout ne peut pas réussir à nos souhaits, mon Ami: Cependant il faut tenter la fortune. Quelque fois on la trouve où l'on s'y attend le moins: et quelque fois la Drolesse trop volage nous plante là, après nous avoir fait ses perfides agaceries.

Lettre. XI.
à Landshuth ce 22. Avril.

Il faut, mon cher, vous mettre au fait de notre situation actuelle. Mon frere Henrici a chassé tout ce qu'il a trouvé d'ennemis devant lui, il a enlevé de gros Magasins aux autrichiens etc. Cela a tellement dérangé les projets du General beni du Pape, qu'il a détaché Harsch avec 16. Bataillons vers Loutomeriz, mon frere va marcher à present sur les troupes des Cercles vers Bamberg, et nous, quoique ma position m'empeche de faire grande chose, je crois que par le compte nous pourrions faire une excursion, et chasser les Autrichiens de Nachot et de Braunau, mandés-moi, je vous prie, ce que vous en pensés, et si vous étes de mon avis, il faudra, mon cher, que vous me sécondiés dans cette entreprise, à la quelle je ne puis employer que vous principalement. Prompte reponse; Adieu mon cher.

Fréderic.

Lettre. XII.

Ce 25. Avril.

J'ai reçu votre reponse, mon cher ami, depuis que je vous ai ecrit, les choses ont changé en ce que Beck qui étoit à Bengit et à Braunau est marché en hâte vers Prague avec son Corps, de sorte qu'il ne se trouve que peu de troupes dans ces environs, cependant, si nous tournons Braunau, Poliz, Nachhot, nous obligeons Laudon à faire de grands mouvemens, et peut-être le rejeterons nous en arriere, après quoi nous sommes maitres de nous en retourner, si vous m'amenés 3. Bataillons 2. de Mosel et un encore, ce sera autant, qu'il en faudra, j'en ai 4. à Franckstein; 4. à Wartha, Arnheim à Glatz; voilà tout ce qu'il faut avec encore le Noble, le Regiment de Dragons Wirtenberg, et 5. Escadrons de Nöhring pourront vous joindre; à present il est impossible de passer par les chemins de Girsdorff et de Tanhausen, mais dans

7. ou

7. ou 8. jours ils se remettront, je suis d'opinion alors, que si vous envoyés deux Bataillons contre Braunau, tandisque nous viendrons par St. Jean, cela sera suffisant pour chasser un mille de Pandours, et que vous marchiés droit sur Nachot, ceux de Braunau tourneront alors le poste de Bergigt, et pourront aller jusqu'à Poliz, cela nous procurera des prisoniers, et attirera l'attention de l'ennemi vers ces cotés-ci, tandis que mon frere battra les Troupes de l'Empire, on a pris et ruiné en Boheme des Magasins de toute espece pour fournir 7. mois à une armée de 50. mille hommes. Trescow pourra vous remplacer pendant votre expedition et cela fait, nous nous tiendrons tranquilles et attendrons l'évenement. Adieu mon cher, je vous embrasse.

Fréderic.

Votre Artillerie mon cher doit être de 30. Canons de 12. livre et 2. haubiz; il y a encore 10. haubiz à Glatz, faites-en transporter quelques uns à Neisse pour les avoir dans votre main en cas de besoin.

LET-

LETTRE XIII. *

Mon cher General. J'ai appris par votre Rapport du 25me que le Corps de Deville est marché plus en avant; vous avés donc très bien fait, en vous rétirant à Neustadt Selon toutes les apparences il y aura quelque chose à faire de ce côté-là, je le régarde comme mon devoir, de tenter au moins la possibilité : et bienqu'on ne puisse dire, si et à quel degré de fortune il réussira, il faut néanmoins le tenter. Je vous dirai donc, quel en est mon dessein. Outre les 4. Bataillons, que vous avés avec vous, je vous joindrai avec six autres Bataillons, en y ajoutant encore les deux Bataillons de Neusse. Après nous tomberons sur ces gens, pour y chercher notre fortune. Du moins nous les rechasserons dans les montagnes. Le 29me de ce mois, tout cela pourra être arrivé à Neisse, et moi, je me rendrai auprès de vous le trentieme. Je crois, que vous avés encore les pontons avec

avec vous, vous n'avés donc qu'à faire vos arrangemens à l'égard des chemins, comment et en combien de colomnes nous pourrons marcher droit à Bladen, où l'ennemi s'eſt poſté. Sans doute vous aurés une petite Carte de ce terrain: vû que vous y avés été ſi long tems. Le projet que je m'étois propoſé ici, n'auroit pas trop bien réuſſi, et c'eſt pourquoi nous le tenterons de ce coté-là. Je ſuis votre affectionné Roi.

Fréderic.

Lettre XIV. *

à Landshuth ce 26. Avril. 1759.

Mon cher General de Fouqué. Je vous reponds à vos lettres du 26me de ce mois, que vous devés faire à preſent toutes les démonſtrations, comme ſi vous vouliés vous retirer encore plus en arriere: par là nous aurons le loiſir de tromper l'ennemi d'au-

d'autant plus sûrement, et s'il est possible, de le battre, comme il faut. Demain à midi je suis à Neisse. Vous me pouvés donc mander après mon arrivée, tout ce qui se passe. Je suis votre affectionné Roi.

Fréderic.

Il faut à tout prix, que je me débarasse d'un des corps de l'ennemi. L'operation de mon frere a rejetté Daun sur la deffensive, ainsi je profite de ce moment, pour tomber sur Deville. Si nous pouvons venir sur lui, avant qu'il en soit bien averti, il y perdra furieusement. Adieu mon cher. Demain à midi je serai à Neisse.

Lettre XV.

à Neisse. Ce 29. à 1. heure.

Je viens d'arriver dans ce moment, mon cher, j'ai reçu trois de vos Lettres, je suis fort de votre avis que pour peu que Mr. Deville avance encore, qu'il sera obligé de faire de prodieux soubresauts; mes Regimens, n'ont pas tous joints encore, mais independemment je crois qu'il faut marcher demain, pourque l'ennemi n'ait pas le tems d'apprendre ce qui se passe. J'amene d'ici 12. Bataillons, vous en avés 15. facit 27. j'amene outre les Canons de Bulow encore 12. de ces gros seigneurs, et 8. Regimens de Cavalerie, je ne puis diriger ma marche que sur vous, et sur Neustadt, à moins que l'ennemi n'ait la bonté d'approcher davantage, de quoi je doute, il s'agit donc de savoir, comment nous tournerons Medelberg, et je crois qu'il faudra prendre par Felzstein. Tous nos Grénadiers, Hussars, et Dragons feront l'avantgarde. Dans ce mo-

moment je reçois votre derniere Lettre. Cet homme est fou par la tête, nous le battrons après demain sûrement, cela étant, nous pourrons avancer demain le plus près de l'ennemi, que possible. NB. faut-il des pontons pour passer la Hozeploz? j'en ai ici, mais si nous pouvons nous en passer, je les laisserai ici, marqués-moi encore, si vous avés des ponts pour des colomnes, si non j'en prendrai avec d'ici. Repondés moi s'il vous plait, promtement. Adieu mon cher ami, je vous embrasse.

Fréderic.

Lettre XVI.

à Noiſſe ce ſoir à 7. heures.

Je n'ai point reçu votre reponſe à ma lettre, je marche demain avec toute ma troupe, je ſerai à 5. heures et demie chez vous, mon cher, qu'aucun regiment ne ſorte, ni faſſe ſemblant, que j'y ſois, je choiſirai mon Camp pour le cacher à l'ennemi, et nous réglerons tout pour ce que nous aurons à faire au 1. de May; je ſuis d'avis de marcher ſur Leſſen avec tout le corps pour tourner l'ennemi, et le prendre en flanc, vous devés connoître ce terrain par coeur, ainſi nous pouvons tout arranger en conſequence. Adieu mon cher ami, je vous embraſſe. Dans ce moment votre aide de Camp arrive, et m'apporte votre lettre, il faut mon cher, que je vous parle, et que nous conſentions tout avant que de nous mettre en mouvement, s'il eſt certain, que Deville eſt à Neuſtadt avec tout ſon corps. Ce ſeroit témeraire de ſe partager en tant

de

de corps differens pour le déloger, et en ce cas là il y faut aller en régle, mais fi le corps de Neuſtadt eſt une avant-garde, alors ce que vous propoſés eſt excellent.

Fréderic.

Lettre XVII.

J'ai bien reçu votre rapport du 4. de ce mois, vous pouvés laiſſer le Bataillon franc de le Noble à Warthe; mais il faut qu'il ſoit bien allerte pendant ce tems de l'abſence des autres, en cas qu'il ſe trouve trop preſſé, c'eſt à dire de trop près, il pourra toujours ſe jetter dans Glatz, quant à vos Bataillons, tachés de faire filer imperceptiblement quelque choſe vers Reichenbach, ne fut ce qu'une Brigade d'Infanterie pour avoir d'abord un corps en état de ſe joindre à Bulow. Vous pourriés auſſi y envoyer du Canon, ce feroit autant de gagné. Je crois que l'ennemi commencera ses operations dans trois ou quatre jours.

Vous pourriés auſſi envoyer le Bataillon franc de Luderitz droit à Bulow pour le joindre, il pourra en tirer une bonne partie dans ces montagnes, et j'ai ordonné au Lieutenant General de Treskow de vous envoyer le Bataillon de Grenadiers de Roth. Sur ce, je prie Dieu, qu'il vous ait en ſa ſainte et digne garde; à Reichhennersdorff ce 5. Juin. 1759.

Il faut au moins que 4. Bataillons, les Huſſars de Gersdorff et de Ludruz joignent demain Bulow dans ſon poſte de Königsberg, et que vous faſſiés filer encore des troupes vers Reichenbach par enſemble, 5. Bataillons et le regiment de Baireit, pour que cela ſoit plus en état de joindre vite Bulow; cachés leur marche à l'ennemi et employés y toute votre habileté. Voici ce qui arrivera à peu près lorsque Daun ſe mettra en mouvement, un gros Corps viendra ſur moi, et j'en fais mon affaire.

Une

Une autre Colomne penêtrera par Friedland, pour penêtrer dans ce païs, Beck marchera sur Tanhausen, pour amuser le corps, que j'y ai. Un corps penêtrera dans votre contrée pour vous y atterrer; Deville passera la Neisse pour vous arrêter de ce côté, mais que tout celà ne vous embarrasse, marchés à Bulow, et joints ensemble, il faut vous porter sur la Colomne de l'ennemi soit à Tanhausen, à Gotsberg, ou vers Vallenburg, la carte de ces contrées sera faite ce soir, et je vous l'enverrai d'abord, retirés le Major Hauchwitz à vous; Ramin pourroit aussi prendre Poste à Silberberg pour être plus à portée de Tressaut. En un mot, il ne faut point ici joindre le change, nous attacher au projet principal de l'ennemi, tacher de le faire échouer, et alors Deville et tous ces gens fuiront d'eux-mêmes. Mon pauvre et ancien ami le Marechal de Kalckstein vient d'expirer.

Fréderic.

Lettre XVIII.

Je vous envoie par le préſent porteur le plan en queſtion, que je vous ai accuſé dans ma lettre d'aujourd'hui matin, et vous ferés bien de m'en accuſer la bonne reception, ſur ce je prie Dieu, qu'il vous ait en ſa ſainte et digne garde, à Reichhennersdorff ce 5. Juin 1759.

Avec ce plan et votre bon eſprit vous ferés de la bonne beſogne, ſi le cas arrive, de quelque coté, que vous tourniés ces bougres, cela eſt égal, L'homme à Toque papale ne remue ni pied ni pate. Le Detachement de Deville n'a joint aucun de ces corps pour que je puiſſe juger de ſa deſtination, et les Ruſſes ne peuvent être que le 12. au plutôt aux environs de Glogau, de ſorte qu'il ſe pourra très bien faire, que ceci traine plus long tems, que nous ne nous y attendons, mais cela ne fait rien, allons notre train, et donnons de bons coups d'etrivieres aux prémiers, qui

ſe

se presentent. Adieu, mon cher, je vous embrasse.

Fréderic.

LETTRE XIX.

Ce 3. Juin,

SELON mes nouvelles mon cher ami, et tout ce que je puis combiner du Plan de mes ennemis, il paroit, qu'ils en veulent découdre; ce que d'O m'écrit aujourd'hui, et ce qu'il vous aura sans doute communiqué, le confirme également, que j'attire Seidlitz, Platen, et Sidow à moi, pour vous, s'il arrive, comme il est apparent, que Daun me rende visite, et que Beck et peut-être Laudon veuillent pénétrer par Friedland, je vous les abandonne, il faut en ce cas, que vous attiriés Ramin à vous, et que vous joignant avec Bulow, vous preniés ces gens en flanc, en derriere et de toutes les façons pour les rejetter en Bohéme; cela fait et Deville et Harsch et Janus

nus ne montreront pas la crête, et s'en fuiront dans les mons fans coup ferir. Je commence à me perfuader, que cela tournera ainfi, les Rufles font en mouvement, il n'eft point faifon de temporifer pour Daun, il faut qu'il donne le branle à la Machine, ainfi pour prendre la Siléfie il faut risquer quelque chofe, tout l'indique. Deville eft obligé de detacher 4. regimens pour la Boheme, figne certain, que c'eft de ce côté-ci, que l'on veut frapper le grand coup, à la bonne heure, j'en accepte l'augure; dès que j'aurai des nouvelles, je vous les communiquerai et vous marquerai en même tems, ce que je crois, qu'il faudroit faire en pareil cas. Le Detachement de Marc-Lifla s'eft replié fur la Boheme, ce n'ont été que 600. hommes. Mon frére Henri eft aujourd'hui à Zwickau, Schenkendorff a battu avec 3. Bataillons 6. Bataillons Autrichiens 400. Croates, et 900. Huflars, Kleift a attaqué un Corps qui pourfuivoit l'arriere-garde de mon frere auprès

auprès de Hoff, a pris 2. Canons et 100. prisonniers à l'ennemi. Cette canaille n'est point invincible, pour vû que ce ne soyent pas de coyons, qui les attaquent, et qu'ils n'aient pas 600. Canons en batterie. Adieu, mon cher, je vous embrasse.

Fréderic.

Lettre XX. *

Mon cher General. J'ai reçu votre rapport du 3me de ce mois, et vu que vous avés autant de forces que le General Deville en a encore après le Détachement, qu'il a du faire, et que vous le surpassés même en Cavalerie; vous serés bien en état de lui interdire sensiblement, en cas qu'il voulût entreprendre quelque affaire. Cela étant fait, il n'envoyera pas ses patrouilles trop loin. Je suis votre bien affectionné Roi. à Reichhennersdorff ce 4me Juin 1759.

La

La Comedie commencera bientôt ici, selon tout ce que je puis apprendre. Daun se propose de forcer mon poste. A la bonne heure, il trouvera à qui parler. J'ai attiré à moi tout ce que j'ai pû de troupes, et je suis dans la meilleure position, que le comprometttent mes affaires.

Je vous avertirai à tems de ce qui vous régarde. Jusqu'à present il ne faut pas rémuer: car la grande affaire est de voir bien, et de voir bien positivement à quoi l'ennemi se déterminera.

Fréderic.

Lettre XXI.

J'ai bien reçu vos deux rapports du 6. de ce mois, et j'approuve le gros de vos mesures que vous avés prises, et si l'ennemi fait un effort, il faut que vous rassembliés toutes vos troupes et les 13. Bataillons que vous avés encore, et ce que Bulow a, parceque si vous étes ensemble, vous étes sûrement en état de tomber sur une des Colomnes des Autrichiens, et de les harceller: mais si vous n'étes point ensemble, vous ne pourrés rien faire, et tout ce que vous entreprendrés sera foible. Les Russes ne pourront entrer dans la Silésie, que vers le 12. 13. ou 14. de ce mois. Daun veut agir en même tems, il n'a pas fait le moindre mouvement jusqu'à present, il n'y a pas même de patrouille, qui ait passé la frontiere. Hier sa droite a encore été à Jaromitz et sa gauche à Schurz. J'attens la nouvelle de son prémier mouvement pour juger quel peut être son véritable dessein

et

et pour vous avertir des mouvements positifs, que vous devrés faire, Tant qu'il ne se rémuera point, je ne pourrai pas vous donner d'ordres précis. Mais il ne s'agit que d'avoir encore un peu de patience, et vous ferés bien de repandre tantôt la nouvelle: ou que je marche à vous avec un corps de Cavallerie et d'Infanterie, et que nous passerions la Neisse à Camens ou à Patschkow, ou là, où il vous plaira, pour attaquer Deville dans son Camp de Camnitz; ou que vous allés vous poster du coté de Glatz, afin de donner des inquietudes à ces gens de tous les côtés. Vous pourrés encore leur donner des attentions du côté de Silberberg, comme si on avoit dessein de marcher sur Neurode: tantot de repandre des bruits, que vous étiés obligé de marcher du coté de Breslau, pour vous opposer aux Russes, qui faisoient des incursions, et cela afin de les amuser, et de leur donner le change de toutes ces manieres possibles. Nous sommes à la veille

de

de l'evenement, c'eſt encore une affaire de 5. ou de 6. jours, qui nous éclaircira du deſſein de l'ennemi: mais dès qu'il s'agira de faire quelque choſe, pour l'amour de Dieu, ne détachés rien, et agiſſés avec toutes vos forces enſemble, s'entend avec 21. Bataillons d'Infanterie, le Bataillon Franc de Luderiz, 25. Eſcadrons de Cuiraſſiers, et de Dragons, et 16. Eſcadrons de Huſſars, vous ſavés à peu près, quelles ſont mes idées. Il ſeroit impoſſible de vous dire tout ce qui peut arriver. Mais dès que l'ennemi aura fait un mouvement, qui m'éclaircira davantage de ſon deſſein, je ſerai en état de vous donner des inſtructions plus préciſes. Si le gros de l'Armée ennemie ſe poſte contre moi, vous ſerés fort en état de réſiſter à un détachement, pourvûque votre corps ait toujours pour neuf jours de pain avec ſoi, en cas de néceſſité il faut que la Cavalerie fourage. Si l'ennemi ne fait qu'un masque de ce coté ci, et que je m'apperçoive, que ſa plus grande force

force se poste du coté de Friedland, je m'y porterai aussitôt, non pour lui disputer le passage, mais pour le couper de la Boheme. Cela l'obligera, ou bien de me venir attaquer dans un poste désavantageux pour lui, ou bien à gagner la plaine, pour se joindre le plutôt, qu'il pourra au corps de Deville, afin d'avoir du pain. Dans le prémier cas, si vous le cotoyés à une certaine distance vous serés toujours en état de le prendre en flanc, ou en derriere, pendant que nous en ferons aux mains, et dans le second cas, il faut que vous le harceliés pour qu'au déboucher des montagnes du coté de Reichenbach nous puissions engager une affaire d'arriere-garde avantageuse. Vous pouvés encore faire gater le chemin de Silberberg à Neurode, en y faisant jetter des épines, et en le rendant impraticable pour les voitures, afin que s'ils voulussent faire passer une Colomne de ce coté-là, il leur devint absoment impossible d'y trainer de l'Artillerie,

sans

sans la quelle vous savés bien qu'ils ne marchent point. Sur ce je prie Dieu, qu'il vous ait en sa sainte et digne garde. A Reichhennersdorff ce 6. Juin 1759.

Dans ce moment, je reçois une lettre de Bulow, qui me marque que le Corps de Beck est prêt à marcher. Un Hussard arrivé ce moment de Politz dépose, que des Pandoures, des Hussars, et quelque Infanterie allemande étoit arrivé avanthier, et hier vers Politz, de plus, des Officiers Autrichiens ont été ce matin parler à des païsans, et leur ont promis beaucoup d'argent pour les mener sur une Montagne d'où ils veulent cette nuit voir notre camp. Un autre desserteur dépose que l'armée a dû marcher aujourd'hui, je n'ai point de nouvelles jusqu'ici de sa Marche, sans quoi je vous l'écrirai; dès que j'apprendrai quelque chose d'ulterieure, je vous le marquerai, mais nous touchons au denouement, et c'est l'affaire de 2. fois 24. heures, il faut

faut être alerte en attendant, et prêt à faire le plus vite que possible, les mouvemens nécessaires.

Fréderic.

Lettre XXII.

à Reichhennersdorff ce 9. Juin 1759.

Vous aurés appris, que les 14. Bataillons de Deville sont marchés de Senfftenberg à Jaromirs, vous saurés de même que 5. Bataillons de Pandoures sont partis du Corps de Beck pour la grande armée, tout ceci, mon ami, nous éclaire dans le projet, que peut avoir formé l'homme à Toque Papale, je vois que ses forces vont toutes du coté de Trautenau, et que par consequent il viendra m'attaquer ici dans mon Fort. Voilà le raisonnement, que je fais, au cas que cela se confirme, c'est primo, que vous fassiés tous vos arrangemens pour vous joindre aussi vite que possible avec Bulow

Bulow au prémier signal. Je garde que si toute la force de l'ennemi se porte ici, de marcher avec tout votre corps de Friedland à Grissau et d'épauler ma gauche quite, après avoir bien battus l'ennemi, de chasser de Silésie le reste de gens, qui nous incommode. Le prémier signal sera: marchés à Tanhausen, Le second: détachés d'abord les 9. Bataillons, qui y sont pour Grissau, et suivés-les dèsque vous pourrés. Mais s'il arrivoit, qu'une colomne de l'ennemi voulût penêtrer par Friedland, je m'en tiens toujours aux idées, que je vous ai deja expliquées dans ma précedente. Je vous envoye par précaution les marche-routes sur 2. Colomnes, pour que vous puissiés vous en servir au besoin, supposé que Daun vienne ici avec toute sa force, et que vous me veniés joindre, en ce cas vous pouvés prendre votre camp sur la hauteur de l'Anna derriére Grissau, l'Abaye devant vous, face vers Schönberg, le village de Neune au pied de votre gauche, Zieder au pied de votre droite. Voilà mon ami, à quoi il faut vous préparer, fi vous pouvés encore faire filer quelque troupe imperceptiblement du coté de Reichenbach, pourque les autres mouvemens vous deviennent plus faciles, ce n'en fera que mieux, je vous écrirai par courier, et vous manderai tous les mouvemens de l'ennemi, qui parviendront à ma connoiffance, et à meffure que l'ennemi en fera qui m'éclairciront davantage de fes deffeins, je vous en ferai faire en confequence. Adieu, mon cher ami, je vous embraffe bien tendrement.

Fréderic.

Let-

Lettre. XXIII.

Ce 10me.

Je vous envoye, mon cher, le changement des Colomnes, qui devient possible, parce que je fais accomoder le chemin de Feldhamer, qui sera prêt ce soir. On nous a reconnu avanthier, mais on n'a rien vu ni pu appercevoir, qu'un bout de montagne avec peu de tentes, ce qui n'a pas peu embarassé ces Messieurs. Laudon à été mandé à Schurz, il y a été hier, on y a tenu Conseil, jusqu'à present la grande armée reste immobile, il faudra bien malgré ou bon gré, que l'homme à Toque benite fasse quelque chose, j'attens tranquillement ce qu'il lui plaira de resoudre pour prendre mon parti en consequence. Je me sers de toutes les ruses et stratagemes pour en avoir des nouvelles, et en combinant tout je devine par ci par là quelque chose, notre incertitude ne durera pas long tems, et dès que les armées se mettront à agir, il faudra bien en découdre, ce qui donnera bientôt jour aux affaires. Adieu, mon cher, je vous embrasse.

Fréderic.

Lettre XXIV.

Ce 12me.

JE ne sais, ce que feront tous nos ennemis, mais je commence à croire, mon cher, que nous serons encore trois semaines dans la position, où nous sommes, Daun n'a point encore rassemblé ses grénadiers en corps: Lasci ne nous a point reconnu, on fait des marchés à Schurz avec les propriétaires des Champs pour fourager les semailles. Fermer est avancé à Conitz, un gros de son armée, qui avoit pris le chemin de Tempelbourg, a tourné vers Possen, je crois que l'armée y arrivera le 16. environ. Voyons donc alors ce qu'entreprendra notre benite creature, pour moi je crains la Lusace, et je parirois presque, que notre homme ira du coté du Fridberg et
de

de Greiffenberg. Attendons patiemment, et si entre ci et ce tems là vous avés besoin de plus de troupes, vous les pouvés attirer à Franckenstein, pourvu que le poste de Tanhausen reste. Adieu, mon cher ami, je vous embrasse.

Fréderic.

Lettre XXV.

J'AI reçu votre lettre du 13. de ce mois. Les nouvelles que je reçois dans ce moment, mais que je ne vous garantis pas sont, que Daun a ordre de pénetrer à tout prix en Silésie, et qu'en consequence il a détaché 15. mille hommes d'Infanterie pour joindre Laudon à Trautenau. Je n'en crois pas le mot, parceque celà ne me paroit pas vraisemblable, et si ces gens tentent quelque chose de ce coté-ci, soyés persuadé, qu'ils ne seront pas bons marchands. Un déserteur, qui est parti, il y a quatre jour de l'ennemi dit: qu'à la gran-

de armée il y a encore tous les grénadiers avec leurs regimens, cela ne reſſemble point à une prochaine entrepriſe, ni à une prochaine marche. Si Daun tentoit quelque choſe contre ce poſte-ci, il mettroit certainement tous ſes grénadiers en avant, et encore n'en auroit-il pas aſſés. D'ailleurs Laſci n'a pas été nous reconnoitre, et tantque je n'entendrai pas le nom de cet homme-là ſur nos frontieres, je ne me perſuaderai pas, que ce ſoit le ſérieux de l'ennemi de venir ici. Vous pouvés compter d'être inſtruit du moindre détail, qui arrivera ici. Raſſemblez toujours vos 13. Bataillons et votre Cavalerie auprès de Frankenſtein, pour être au cas de beſoin à portée de Warthe; je tiens Bulow entre nous deux avec ſes 8. Bataillons et ſes 6. Eſcadrons de Huſſars pour vous l'envoyer, en cas que celà ſoit néceſſaire; pour l'attirer à moi, en cas que je prévoye, que l'ennemi fera ſon grand effort de ce côté ci, je vous inſtruirai de tout, à méſure que je

ver-

verrai, que ces desseins de l'ennemi s'éclaircissent. D'O rend de bons services dans l'occasion présente, et je trouve que par toutes ces nouvelles que je tache de me procurer, en ne negligeant pas l'argent, les siennes sont les meilleures. Il est indubitable, que l'intention des Autrichiens est d'inonder le Comté de Glaz par tous les trois débouchés qui y entrent, et je commence à croire, que le corps de Deville est destiné pour boucher le passage de Warthe. Si vous trouviés, que vous ne puissiés point vous servir de vos Cuirasiers, vous n'avés, qu'à me le mander, et je serai assés porté de les envoyer à Dohna, qui en pourroit tirer un meilleur usage dans l'occasion présente contre les Russes, et je vous mande à cette occasion-là, que Dohna est à Landsberg et qu'il paroit, que les Russes veulent se partager en deux corps, dont le plus considerable paroit se rassembler du coté de Posnanie et le plus foible du coté de Tempelbourg. Dohna

n'a

n'a que 35. Efcadrons de Cavalerie et 22. Huffars. Si nous en avons quelque chofe d'inutile ici, foit vous, ou moi; il n'eft que jufte, de le lui envoyer. C'eft fur quoi j'attens votre reponfe, et fur ce je prie Dieu, qu'il vous ait en fa fainte et digne garde. A Reichhennersdorff ce 14. Juin 1759.

Frédéric.

Lettre XXVI.

Ce 14.

Selon toutes ces nouvelles que je reçois, je dois croire, que le projet de nos ennemis eft de faire le fiege de Glatz, ainfi raffemblés un peu vos forces, mon ami, du coté de Frankenftein pour être toujours à portée d'occuper le pofte de Warthe. J'écris aujourd'hui à Treskow de vous renvoyer ce Bataillon de Plankenfée, que vous avés toujours eu avec vous, Bulow reftera dans fon pofte, jusqu'a ce que la grande armée

armée de l'ennemi se sera déterminée dans ses mouvemens: voilà les suites d'une guerre defensive, il faut penser à cent mille choses, et faire des projets pour tous les évenemens. Ramin peut retourner à Warthe, si vous le jugés à propos. Adieu, mon cher ami, je vous embrasse.

Fréderic.

LETTRE XXVII.

JE serai bien embarassé, mon cher ami, de vous dire, ce qu'il arrivera, tant que l'ennemi reste dans l'inaction, il est impossible de le déviner, je vois bien, que le but qu'il se promet de ses operations, c'est de prendre Glaz, je dévine ces moyens, dont il pourroit se servir pour y parvenir, mais il y en a de très differens, et il seroit très facile de m'y tromper, dans cette incertitude il ne me faut rien démêler, et il faut attendre jusqu'à ce qu'il plaise à sa

grosse

grosse Excellence de déclarer sont projet, j'attens en patience quel sera ce projet, dont cette benite créature accouchera, nous sommes alertes, et nous avons dans notre camp l'oreille dressée, comme un levrier, qui attend que la bête parte de son gite, j'ai beaucoup de mauvaises nouvelles, un ramas de contes des cabarets de l'armée ennemie, avec les quels je ne vous importune pas; dès que je saurai des vérités, je vous les manderai. Fermer avance comme un regent de college suivi de ses pedans, peut-être attend-on après lui, mais quoi qu'il en soit, force nous est de trouver moyens de nous tirer d'embarras, je sai, que vous pensés comme moi, et que je ne vous dis rien de nouveau. Adieu, mon cher, je vous embrasse.

Fréderic.

LET-

Lettre XXVIII.

J'ai rçû votre lettre du 25me Juin et je vous remercie des Listes que vous m'avés envoyées; je trouve ce calcul en comptant Officiers bas Officiers, Tambours et Artilleurs, que nous faisons ensemble 64. mille hommes. L'ennemi est marché ou du moins il a fait un mouvement aujourd'hui. Je suis après de m'en instruire; et entre ci et demain matin je compte de savoir exactement de quoi il est question, rien ne me presse, ni me m'oblige de me précipiter. Je ne suis pas sûr, que l'armée de Daun marche, je ne le suis que d'une partie du Corps de Laudon. A présent il faut être prêt à tout moment. J'attens à apprendre par vous les mouvemens de Deville, par d'O ceux de Harsch, et par Bulow ceux de Beck, quand j'aurai combiné tout cela, je me déterminerai sur le parti, qu'il faudra prendre. Les bonnes nouvelles, que je crois pouvoir vous annoncer ne viendront

dront jamais de Dannemarc. Sur ce je prie Dieu, qu'il vous ait en sa sainte et digne garde à Reichhennersdorff ce 25. Juin 1759.

JE ne suis pas encore assés au fait de ce qui est marché et du chemin, que celà aura pris, avant que de bien eclaircir le tout, je ne remue pas d'autant plus que, quoi que l'ennemi fasse, rien ne me presse.

Fréderic.

VOTRE rapport du 24. de ce mois m'a été rendu, et je serois curieux de savoir si c'est de la Cavalerie ou bien de l'Infanterie, que le General Deville vient de détacher. Il me paroit au reste qu'il pourroit bien encore s'écouler une quinzaine de jours avantque l'ennemi commençât ses operations, et ce ne sera qu'alors, que nous pourrons nous orienter sur ses véritables vues. Sur ce je prie Dieu, qu'il vous ait en sa digne et sainte garde.

LETTRE XXIX.

à Reichhennersdorff ce 25. Juin 1759.

BECK à ce que l'on dit veut tenter fortune du coté de Bulow, que cela ne vous inquiete pas, c'est notre affaire, mais je crois que malgré les projets de Daun il se verra obligé de se mettre en mouvement, ou le 28. ou le 30. c'est alors que je serai attentif à la prémiere marche, qu'il fera, qui me découvrira son dessein, et me mettra à portée de vous écrire positivement ce qu'il faudra faire. Au moins vous ne m'accuserés ni d'être inquiet, ni impatient, car on nous lanterne bien.

Fréderic.

Lettre XXX.

ce 27me.

Le mouvement de l'ennemi dont je vous ai parlé dans ma derniere lettre se trouve absolument faux. Les païsans et les marchands de filasse l'avoient debité, une grosse pluye qui empechoit nos patrouilles de voir, les avoit séduits; quelques Officiers crurent voir ce qu'ils ne voyoient point, et leur imagination supléa à la vérité. Toutes ces troupes sont précisement dans l'endroit où elles ont été, il n'y a rien, qui ait remué, je les amuse par toutes sortes de balivernes que je fais débiter selon mon bon plaisir, mais je prévois quelque changement vers les derniers jours de ce mois, ou les prémiers du prochain; dans peu de jours je serai en état de vous donner une grande nouvelle. L'ennemi s'étoit proposé de commencer ses operations le 15. Juillet; je me flatte, que son plan sera bouleversé, et qu'il sera obligé d'en faire

enco-

encore plus d'un, avantque de gagner la fin de la Campagne. Adieu, mon cher, je vous embrasse.

Fréderic.

LETTRE XXXI.

L'ennemi est marché hier; la grande armée est allé à Jung-Bunzlau; Laudon campe à Prosniz; Beck doit être à un endroit, qu'on nomme Horsiz; le General Harsch est marché à Jaromirsch. Leur boulangerie est allée à Teutschbrodt. Je vous avoue, que j'ai de la peine à m'imaginer ce que tout cela signifie. En attendant vous pouvés envoyer un couple de cent de Dragons et autant de Hussars à Glaz pour éclaircir davantage tout ceci. Je pousserai demain une avant-garde auprès de Trautenau pour être informé de ce qui se passe, et pour tacher de tenir ces gens-ci en échec, autant que cela durera. Dohna est marché contre les Russes; ceux-ci forts de quelques trente mille hommes se sont partagés en trois corps. Dohna marche sur celui du milieu à Nackal, et comme son operation me paroit infaillible, je vous ai annoncé les bonnes nouvelles qui doivent arriver d'avance. Je viens de prendre Schazlar, où nous avons pris un Capitaine de Cavalerie, trois Hussars, quelques Officiers et environ cent Pandoures prisonniers, sur ce je prie Dieu qu'il vous ait en sa sainte et digne garde. à Reichhennersdorff ce 29. Juin 1759.

Fréderic.

Lettre XXXII.

ce 30.

JE vous envoye tout le detail de la marche que l'ennemi a faite, vous verrés de quelle ruse grossiere il se sert pour nous tirer de notre poste, mais il n'y réussira pas. J'ai envoyé aujourd'hui Wedel à Trautenau pour observer l'ennemi et apprendre les nouvelles de ce qu'il fait, et je pousse Seidliz jusqu'à Lahn pour élever le détachement des ennemis, qui marche par Böhmisch-Eiche. J'ai cru qu'il étoit nécessaire de vous mettre au fait de tout ceci pour que vous soyés au fait de ce qui se passe. Dans cette situation Bulow n'étant pour rien à Tanhausen, je l'ai fait marcher ici, laissant cependant le Bataillon Franc et le Colonel Gersdorff au même poste, qui a ordre de faire ses rapports à vous et à moi. Adieu, mon cher, dès qu'il y aura quelque chose, qui en vaille la peine, je vous le marquerai incontinent, je vous embrasse de tout mon coeur.

Fréderic.

LETTRE XXXIII.

ce 2. Juillet.

Il ne faut pas s'impatienter sitôt mon cher. Le projet de Daun a été combiné avec les manoeuvres, que les Russes doivent faire, or je compte, qu'hier Dohna aura renversé un de ces corps, je n'en puis être instruit que le 3. ou le 4. Ceci derange tout le grand plan de Daun, il marche sur Reichenberg, Janus est à Prausniz, Harsch à Jaromirsch, Beck à Scaliz; j'ai envoyé Seidliz à Lahn; les ennemis prendront le chemin de Marck Lissa. J'ai deux points principaux à observer, l'un est de couvrir Landshuth, l'autre est d'empecher qu'on me coupe de Glaz; voilà ce qui m'occupe à present cela est très difficile, mais ni plus ni moins il faut tacher d'en venir à bout. Les canons de Deville ne sont que de l'Artillerie de Campagne. Adieu, mon cher, je vous embrasse.

Fréderic.

Lettre XXXIV. *

J'ai reçu, mon cher, votre rapport du 2me de ce mois. C'est très bien fait que vous m'envoyés les Regimens entiers, selon ce que je vous ai écrit moi-même; car s'ils étoient déchirés par des détachemens, ils ne feroient pas de trop grands services. Vous avés le Regiment de Werner chés vous, lequel vous pourrés employer pour les détachemens nécessaires. Au reste le General Laudon est arrivé à Reichenberg, et s'y est allié au General Wehla. Je crois tenir aujourd'hui encore des relations de la grande armée ennemie, si elle a suivi le General Laudon, ou si elle se trouve encore près de Jung-Bunzlau. Dans cette affaire il ne faut aller que pas à pas, la précipitation seroit très perilleuse. J'attens du Lieutenant Colonel d'O des relations précises, s'il y a quelques troupes aux environs de Jaromirs. Nos gens étoient allé hier jusqu'à Königshof: ils y ont trouvé à peu près 8. à dix regimens. Beck se tient

tient auprès d'Aman: et c'est pour quoi je pense, qu'il ne sera pas trôp difficile au Lieutenant Colonel d'O de découvrir, si le General Harsch a laissé quelque chose derriere lui près de Jaromirs, ou si tout son corps est marché avec lui à Königshof. Il est très nécessaire, que je sache tout-cela, pour me pouvoir régler. Car dès que je vois que l'ennemi s'approche de Königshof, et que le fort de l'armée ennemie marche vers Friedland; il vous faudra en ce cas attirer à vous les Bataillons qui se trouvent dans la Province de Glaz. Si c'étoit moi qui s'allioit à d'O vous camperiés de nouveau au même lieu près de Landshuth, que vous avés occupé autre fois. Mais avant que de rien entreprendre, attendés des Ordres plus positifs. Je suis etc. Reichhennersdorff ce 3me Juillet 1759.

Fréderic.

Lettre XXXV.

Comme je suis certain à present, que la force des Autrichiens s'est tournée du coté de Königshof, il sera nécessaire de prendre nos arrangemens après tout ceci. Vous aurés la bonté d'attirer à vous toute la Brigade de Ramin et de marcher de façon, que vous soyés vers le 7me ici. Il y a une chose que j'ai sur le coeur, et que vous pourriés faire executer encore, ce seroit d'envoyer le Noble à Scharffeneck, à Poliz, pour faire détruire toutes les fortifications de ces gens à Hutzberg, en revenant deçà il pourra détruire toutes ces redoutes et abâtis auprès de Bergicht et de Wernersdorff. Je prens ces précautions d'avance, pour qu'ayant ruiné tous ces postes là, supposé que l'ennemi voulût facile Siege de Glaz, nous puissions avoir l'entrée du coté de Braunau libre. Je partirai demain d'ici pour Lahn avec ma grosse avant-garde, et je vous laisserai ici encore quatre Batail-

Bataillons savoir: la Brigade de Schenkendorff avec les Bataillons Franc d'Angelelli et de Luderiz. Le Poste que j'ai occupé avec l'armée ne vous convient pas, parcequ'il est trop étendu, et je crois que vous reprendrés vos anciennes redoutes. Je vous laisserai demain ici des haubizes et des canons, sur ce je prie Dieu, qu'il vous ait en sa sainte et digne garde. à Reichhennersdorff le 4. Juillet 1759.

La force de l'ennemi étant à Königshof, il faut que vous veniés ici, vous pouvés marcher ce soir.

Fréderic.

Lettre XXXVI. *

J'ai reçu, mon cher General, votre rapport du 8me Juillet, et je vois à present bien clairement, que j'ai très bien fait, de vous envoyer le Regiment de Neisse, par ceque rien ne se passera du coté, et qu'en cas qu'il y fallût des troupes, nous aurons toujours le chemin ouvert pour y en renvoyer quelques uns. Je suis votre bien affectionné Roi. Au camp auprès de Late ce 9. Juillet 1759.

Daun est à Marc-Lissa, Laudon auprès de Greiffenberg. Je serai obligé de rassembler toutes mes forces, pour les combattre; ainsi que vers le tems de la décision, que je mets jusqu'au 15. je serai hors d'état de vous assister. Je compte Deville 10000. hommes et Harsch 12000. ainsi avec le renfort du regiment de Mosel, vous aurés à peu près 19000. combattans, et par le secours du poste vous pourrés leur résister.

Fréderic.

LETTRE XXXVII.*

Mon cher General, j'ai reçu votre rapport du 9me de ce mois, et il faut à présent que vous songiés, comment vous pouvés chasser les Pandoures et les Hussars de ces contrées, pour les empecher de nous prendre en flanc. Il me semble, que l'ennemi perdroit bien l'envie d'avancer, si vous aviés un poste leger contre lui. Je suis etc. au Camp de Schenk Seyffen ce 10me Juillet 1759.

Il faut que vous fassiés plus le mechant, et que vous ne souffriés pas, que l'ennemi se loge à votre barbe à Friedland.

Frédéric.

Lettre XXXVIII.

ce 11me.

Vous voulés mon cher, attirer l'ennemi dans le piége, mais vous vous y tromperés, il ne vous attaquera pas, et voudra vous bloquer. Il faut faire le mechant et tomber à la prèmiere occasion fur le corps d'une troupe mal postée, et leur bien frotter les oreilles. On m'assure aujourd'hui, que Daun se retranche auprès de Marck-Lissa. Je ne sai pourquoi, car certes je n'avois aucune intention de l'attaquer là-bas. Si l'ennemi veut penêtrer avec toutes ses forces par Friedland, marchés lui à dos, vous avés le chemin par Conradswalde libre, et vous avés les hauteurs de Friedland dans les bois jusqu'à Cider, vous ne pouvés rien faire à Rehhorn, mais du coté de Schönberg le cas est très different; enfin je vous laisse maitre de faire ce que vous jugerés convenable, et je vous dis mes idées, parceque le terrain de ces contrées

trées m'eſt fort connu. J'ai ici un camp très fort, en cas de néceſſité je puis détacher 4. Bataillons et 10. Eſcadrons, ſans que ni plus ni moins de cent mille hommes puiſſent m'entamer, ainſi n'ayés point d'inquietudes pour moi. Les Ruſſes crient comme des enfans, les pauvres petits n'ont que 40. mille hommes, et Dohna à ce qu'ils aſſurent les empeche de ſe remuer. On dit, que Daun veut envoyer par la Luſace un détachement à leur ſecours, mais on oublie que mon Frére eſt très à portée d'echiner ce détachement, avant qu'il arrive. Adieu, mon cher, je vous embraſſe.

Fréderic.

LETTRE XXXIX. *

Je suis faché, mon cher General, d'apprendre de votre rapport du 24. de ce mois, que le Lieutenant Colonel de Luderitz a si mal executé vos ordres sur son poste auprès de Friedland. Ne souffrés nullement que l'ennemi occupe ce poste, au contraire il faut absolument le rechasser loin de vous. Au chemin de Conradswalde vous le pourrés prendre en flanc, et le faire se promener autre part. Il semble que l'ennemi vous a fait accroire, qu'il alloit vous attaquer aujourd'hui, pour vous retenir de secourir le poste auprès de Friedland. Sans doute que par cet accident les deux Bataillons Francs de Wide sont devenus inactifs pour deux à trois mois, j'ai fait frayer un chemin aux Bataillons francs, et abbattre le reste des passages, de sorte qu'on ne saura point les attaquer en arriere. Au reste je n'y ai laissé que cent hommes,

mes, qu'il sera d'autant plus commode de retirer. Je suis etc. Au camp de Schmottseyffen ce 14. Juillet 1759.

IL faut absolument avoir revanche et laver cet affront dans le sang des ennemis.

Fréderic.

Lettre XL.

J'AI reçu votre rapport du 16. de ce mois. Quand je calcule bien les forces de l'ennemi, et le comptant bien haut, je ne saurois faire monter tout ce corps qu'à 18. mille hommes; or 19. mille hommes qui se defendent contre 18. mille hommes dans un bon poste, doivent-ils trouver certainement de grands avantages? Je connois votre position, parceque j'y ai été assés long tems, et j'en ai étudié tous les détails, vous ne pouvés attaquer ni le poste de Schazlar ni celui de Trautenau: vous ne pouvés point penêtrer par Altdorff, c'est

un

un coupe-gorge, l'ennemi a si bien détruit le chemin qui va à Bömisch Johrsdorf par de grands carreaux de pierres, qu'il y a jetté, que vous n'y sauriés monter, sansque les Hussars mettent pied à terre et conduisent les chevaux par la bride. Le poste de Bergicht pourroit à toute force se prendre, mais cela couteroit du monde, et le jeu ne vaudroit pas la chandelle. Il n'y a pour vous que des embuscades, mais il les faut faire fortes, pour que si l'ennemi tente quelque chose, comme il ne manquera pas de le faire, on puisse le bien frotter. Si quelques troupes vont du coté du Pass, il faut d'abord leur envoyer à dos, vous êtes plus fort en Infanterie que ces gens-là. Leur Cavalerie ne peut presque point agir dans toutes ces contrées; s'ils viennent avec 2. mille hommes, détachés-en 4. mille à leur dos. Les embuscades que l'on peut faire sont prémierement ce chemin qui va de Liebau à Lindenau, la trouée des quatorze Nothhelfer

aux

aux environs de Scherffenberg, et dans les bois, qui font du coté de Friedland. Vous étes obligé d'avoir nécessairement quelques postes mobiles. Par exemple: vous ne pouvés pas vous dispenser d'en avoir du coté de Weisbach sur les hauteurs. Imprimés bien à ces postes, qu'ils ne sont que pour avertir, et qu'un Officier, qui s'y engage mal à propos avec l'ennemi, sera mis devant le Conseil de guerre et puni. Pour vous mettre au fait du projet de l'ennemi et de ses rétranchements, je vous expliquerai ce que cela signifie. Daun a attiré Gemming à lui, qui avec environ 7. mille hommes avoit été détaché tout ce tems vers les troupes de l'Empire, et il s'est fait rétrancher un camp entre Lauben et Marc-Lissa. Je crois qu'il y va entrer ce soir. Quoique Dohna ait fort mal mené les affaires contre les Russes, son passage de la Warthe a fait jetter de hauts cris à Soltikow, qui se croit coupé de Thorn. Il demande des secours à toute force. La Cour

Cour de Vienne a refolu d'envoyer un détachement de 13. mille hommes à leurs fecours. Laudon doit commander ce détament-là, et doit marcher par Sagan fur Grofsen, y paffer l'Oder, et tacher ainfi de fe joindre aux Ruffes. J'ai détaché hier le Prince de Wurtenberg avec 6. Bataillons 2. Regimens de Dragons et de Huffars pour Bunzlau. Mon frere Henri marchera en droiture à Sagan, pour pélotter ce détachement en chemin, et l'envoyer promener le chemin qu'il eft venu. Tant que Daun reftera à Lauben, et que je tiens ce camp ici, je ferai fuffifamment en force pour me foutenir. Mais fi on lui renvoie Laudon battu, je crois qu'il voudra tenter de ce coté-ci l'entrée en Siléfie. Si cela arrive avantque le Prince de Wurtenberg puiffe me joindre, je ferai obligé d'emprunter de vous trois Bataillons d'Infanterie et le Regiment de Dragons, dont je vous reponds que je ferai un bon ufage. Mais fi Daun veut fe borner à refter dans fes rétranchemens, je

ne vous demanderai pas un chat. Sur ce je prie Dieu qu'il vous ait en sa sainte et digne garde. Au camp de Schmottseyffen ce 17. Juillet 1759.

Vous voyés à present, mon ami, de quoi il est question, Daun n'entreprendra rien, à moins qu'il n'ait dégagé les Russes, et c'est de quoi je me flatte d'empecher l'ennemi. Alors la cour de Vienne, ou peutêtre le désespoir l'obligera à prendre d'autres mesures.

Fréderic.

Lettre. XLI.

ce 18me.

Il y a grande apparence que ce ne font que des démonftrations de l'ennemi que cette Bravade de marcher à Libau, Schönberg et Conradswalde, je parie que Harfch ne vous attaquera pas, et fe retirera après demain; ces gens ne font pas aſſés en force contre vous pour brusquer un pofte aufli redoutable que le vôtre, ceci fe fait à intention de m'obliger de vous envoyer un détachement, et de ne rien envoyer contre Laudon, qui eft parti hier au foir pour Sagan. Le Prince de Würtenberg le dévancera, et je ne ferai pas un mot de ce que Daun voudroit me faire faire. Adieu, mon ami, vous aurés une bonne affaire d'arriere-garde avec ces gens. Pour ceux de Schönberg, il ne les faut fuivre qu'un peu au delà de Schönberg et non pas jufqu'à Berlsdorf, ceux de Liebau jufqu'à la croix, et jufqu'à Schwarz-Wafſer, par les deux plateaux favoir par le gibet de Libau, et par les hauteurs à gauche de Ditersbach; pour ceux de Conradswalde vous pouvés les maltraiter plus que les autres. Adieu, mon cher, voilà tout ce que je puis vous dire, je vous embrasse.

Fréderic.

J'apprens que vous dites à tout le monde, que l'ennemi est fort de 40. mille hommes, cela me déplait fort, 1) parce que cela n'est point vrai, et qu'il ne l'est que de 18. mille hommes. 2. Parce qu'il ne faut point intimider nos gens, qui ne sont que trop timides naturellement.

Lettre XLII.

ce 20me.

L'ENNEMI a fait de ce coté-ci beaucoup de mouvemens, je ne puis encore vous dire pofitivement à quoi il vife, cela m'oblige d'agir avec circonfpection pour être en force et en état de lui tomber fur ce Corps, s'il veut entreprendre quelque chofe. Laudon a été détaché, j'ai fait courir après lui il eft revenû, et le Prince de Würtenberg le repouffe de même. On ne fauroit vous couper de Schweiniz, quelques partis qui fe gliffent dans les montagnes, ne font pas une affaire importante, ils ne peuvent nuire, il faut penfer ici aux grands et negliger les bagatelles. Je parîrai presque ma tête, que l'ennemi ne vous attaquera pas, et tant que vous êtes dans ce pofte, il y penfera plus d'une fois, avantque de vouloir penetrer à votre barbe vers Schweiniz, je ne puis rien détacher fans risquer toute la boutique. Vous verrés dans peu de jours que tout

ceci

ceci s'éclaircira. Adieu, mon cher, ne voyés pas tant de forces, l'ennemi ne peut être en cavant au plus fort que de 20. mille hommes.

Fréderic.

Lettre XLIII.

Le General Laudon est retourné à l'armée autrichienne et le Prince de Würtenberg est revenu à Bunzlau. Selon mes nouvelles l'armée autrichienne manque de fourage, parcequ'elle fourage le verd. La contrée où elle se trouve, n'est pas assés abondante, pourqu'elle puisse y subsister long tems, ainsi je crois, qu'en prennant encore huit jours de patience leur grand train de chevaux les obligera de décamper. On prélude déja près de Landscrone. Dès qu'ils se retireront, j'enverrai d'abord un bon détachement pour donner la chasse à vos voisins de Friedland. Voilà tout ce que je puis vous dire jusqu'ici de ce qui se passe

paſſe de ce coté, l'ennemi ne vous attaquera point, ni ne viendra à moi, tant que nous reſtons dans la poſition actuelle; mais il faut ſe tenir enſemble, et nous n'avons garde de rien détacher. Sur ce je prie Dieu qu'il vous ait en ſa ſainte et digne garde, au camp de Schmottſeyffen ce 21. Juillet 1759.

Fréderic.

Lettre XLIV.

J'ai reçu votre lettre du 21. de ce mois. Les mouvemens que l'ennemi fait, ne peuvent tendre qu'à vous faire ſortir de votre poſte: leur deſſein n'eſt certainement pas d'aller à Glaz. Mais je crois qu'ils ont intention de ſe mettre avec toutes leurs troupes entre vous et Schweiniz, mais ils en pourroient-être duppe. Car ſi un Corps tant ſoit peu conſiderable de vos troupes ſe met dans un poſte inattaquable ſur de hau-

hautes montagnes entre Friedland et Grysfau, vous pouvés leur intercepter toute la communication de leurs Magasins, et leur armée sans pain sera bien obligée de décamper. Mais avant que de prendre ce parti, il faut voir, s'ils n'auroient pas intention de vous attaquer du coté de Hartmannsdorf. N'allés point avec des détachemens si foibles. Deux Bataillons et 300. chevaux cela est trop foible, pour entamer une arriere-garde, il faut du moins prendre six Bataillons 7. ou 8. canons et 5. ou 600. chevaux. Voilà du moins ce qu'il faut pour cela. Les canons de 6. livres sont à Schweiniz, mais je ne croi pas que vous puissiés les faire venir actuellement, ce seroit trop hasarder. Si cela paroit en venir à une action là bas, et qu'il ne paroisse point qu'il se passe quelque chose ici, je pourrai vous prêter Krockow avec ses 3. Bataillons et 2. Escadrons pour quelques jours. Sur ce je prie Dieu qu'il vous ait en sa sainte et digne garde. Au camp

camp de Schmotſeyffen ce 22. Juillet 1759. Je crois que nous aurons bientot la nouvelle d'une Bataille avec les Ruſſes.

Fréderic.

Lettre XLV.

L'ennemi a détaché aujourd'hui le General Beck avec 4. mille hommes pour Neuſtadt. Comme je ſuppoſe qu'il marchera delà à Trautenau, je fais partir d'ici ce ſoir un détachement qui relevera Krockow à Hirſchberg, à ſavoir 3. Bataillons d'Infanterie et deux Eſcadrons de Huſſars pour occuper le poſte de Landshuth, et vous donner en cas, que cela ſe puiſſe faire la facilité de marcher avec tout votre Corps pour attaquer et déranger l'ennemi; vous pourrés au moins lui venir à dos, et lui couper les ſubſiſtences du coté de la Boheme, ou peut-être pourrés vous tomber ſur un de ſes Corps, qui vous ſera le plus

plus a portée, et le battre comme il faut. Sur ce je prie Dieu qu'il vous ait en sa sainte et digne garde. Au camp de Schmotseyffen ce 22. Juillet 1759.

LETTRE XLVI.

J'AI bien reçu vos deux rapports du 23. Juillet. Tantque vous tenés Landshuth, il est impossible que l'ennemi fasse des progrès en Siléfie. Cinq Bataillons restent auprès de Landshuth; vous pourriés facilement marcher avec 18. et vous poster entre Conradswalde et Friedland, vous rendre maitre en même tems du poste de Friedland pour enlever les troupes ennemies, qui y sont, et leur intercepter leurs convois de quel coté que ce soit. Si ces gens la sortent tout à fait des montagnes, il sera toujours tems de leur tomber sur le corps; mais à présent il y a tant de choses dans la crise, qu'il faut

faut attendre, qu'il y ait une occafion chés les Ruffes, avantque de donner fur les oreilles de ces gens-ci, à moins qu'ils ne deviennent temeraires et ne fe mettent tout à fait dans la plaine. En ce cas là je verrai, s'il y a moyens de faire d'ici un petit détachement, et de marcher alors fur eux pour les battre d'importance. Quant à la Lifte des troupes ennemies, que vous m'avés envoyée, elle n'eft pas tout à fait jufte, car déja les regimens de Cavalerie faxonne ne font-ils qu'à quatre Efcadrons, du regiment de Tofcane il n'y a qu'un Bataillon qui foit là-bas, mais j'examinerai toute cette Lifte avec attention, et je vous écrirai ce qui en eft vrai ou faux. Sur ce je prie Dieu etc. Au camp de Schmottfeyffen ce 24. Juillet 1759.

Fréderic.

LET-

Lettre XLVII. *

Je vous puis mander avec aſſés de ſureté et d'après mes Liſtes, que l'armée autrichienne conſiſte en 102. Bataillons. Il y en a 66. Bataillons ici: et 29. là. Celà fait 95. Bataillons. Gemming ſe trouve encore avec 6. à huit Bataillons auprès de Bornſtädt: il faut donc qu'à Wolfersdorf qui eſt auprès de Trautenau, on ait rendu ſes Bataillons d'ici, et que le corps auprès d'Arnau ait été détaché de même. Simſchein ne peut conſiſter que d'un ſeul Bataillon, Toſcana au contraire en a deux. Preyſach ne fait non plus qu'un ſeul Bataillon; mais ſur vos Liſtes manque un Bataillon de Wallis et un de Vieux-Coloredo. En general vous avés au devant de vous 28. Bataillons de Mouſquetaires et cinq Bataillons de Grenadiers avec 38. Eſcadrons. Cela fait donc 14000. hommes d'Infantérie 2500. Grenadiers, 4400. hommes de Cavalerie, 500. Huſſars, et quelques mil-

le Pandoures, fommairement 23400. hommes.

En vous poſtant entre Friedland et Conradswalde vous coupés l'ennemie de tous ſes vivres. Mais il vous faudra vous poſter ſur des montagnes, et ſi Wolfersdorf alloit tenter quelque coup ſur Landshuth, vous n'étes eloigné que d'une petite lieue de Conradswalde, et vous pourrés fondre ſur lui avec tout votre Corps pour le renvoyer. Si vous privés enfin l'ennemi de ſes transports de farine, il ne s'y pourra ſoutenir trôp long tems. De plus il ſera néceſſaire que vous eſpionniés tous ſes détachemens, pour le harceler par tout, où il ſe peut faire. Dès que je remarque que l'ennemi veut ſortir d'entre les montagnes, je tacherai de faire un détachement et de le battre comme il faut. Je ſuis etc. au camp auprès de Schmottſeyffen ce 24. Juillet 1759.

Fréderic.

LET-

Lettre XLVIII. *

J'ai reçu, mon cher, vos deux rapports du 24. de ce mois, et j'étois bien aise d'apprendre que par votre coup vous avés donné atteinte aux forces de l'ennemi, comme vous me mandés. Je ne saurois point comprendre comment le General Deville veut sustenter soi-même et son corps. Ici à l'armée on racconte, que vous avés coupé l'ennemi de son Artillerie: mais j'ai peine à le croire, ne presumant pas, que Deville se soit avancé sans canons. Je voudrois bien détacher chés vous, si cela se pouvoit faire, mais ma situation d'àpresent ne le permet point du tout. Quand vous verrés que Deville se tourne du coté de Reichenbach, il faut tacher, de jetter si non en deçà, du moins en delà dela Neisse quelques Bataillons dans la ville de Neisse. Je suis etc. etc. au camp de Schmottseyffen ce 25. Juillet 1759.

Fréderic.

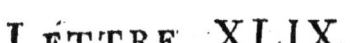

LÉTTRE XLIX. *

J'ai appris, mon cher General, avec beaucoup de satisfaction par votre rapport d'hier, que vous avés rechassé le General Deville jusqu'à Gottsberg, quand il vouloit pénétrer votre poste. Je suis charmé, que cela ait réussi ainsi. Vous n'avés qu'à ordonner au General Major de Krockow, qu'en cas que des troupes ennemies voulussent passer Schönberg, il lui faudroit vous couvrir le dos. Deville, à ce que je crois, tachera d'aller à Friedland, s'il ne sauroit pénétrer chés vous. Il ne seroit donc pas mal fait, si vous lui fassiés detruire quelques chemins, qu'il lui faut passer, pour lui faire des difficultés dans cette entreprise. Du moins il y arriveroit de bonnes affaires d'arriere-garde, car vûque Deville doit passer alors des chemins si mal frayés, vous ferés terriblement terrasser son Corps avec vos canons. Je suis etc. etc.

Fréderic.

Lettre L. *

Votre rapport du 20me m'a fait beaucoup de plaisir, mon cher. Vous me mandés que le General Janus détaché du General Deville, ayant voulu pénétrer auſſi auprès de Friedland, a été ſi bien renvoyé par le General de Golze. Je juge comme vous, qu'ils ont envie de ſe rendre à Braunau, mais j'eſpere, qu'avant que d'y arriver, ils auront perdu leurs canons et quantité de choſes pareilles. En ce cas, quand ils paſſeront ces chemins détruits, vous ne ſauriés mieux faire, qu'en tombant ſur leur Arriere-garde. Le General Major de Golze peut occuper quelques montagnes, qu'ils ſeront néceſſités de défiler, et comme cela ils paſſeront, pour ainſi dire par les verges. Je m'imagine qu'en deux ou trois jours vous ſerés delivré de ces gens-là, et vous vous trouverés auſſi en état de les harceler impitoyablement, avant qu'ils retournent. Demain je m'en vais à Sagan,

gan, et mon frere, le Prince Henri viendra ici. Mais je vous défends d'en parler à personne. Je suis etc. etc. au camp de Schmottseyffen ce 29. Juillet 1759.

Fréderic.

Lettre LI.

ce 20. à Linderode proche Sorau.

Mon ami, mon frere a laissé passer 12. mille Autrichiens, qui ont joint les Russes à Christianstadt; ils veulent faire le Siege de Glogau, je marche a tire d'aile pour les empecher, mais je suis foible, je n'ai que 24. mille hommes, gens 2. fois battus, vous m'entendés, je ne sai ni où vous étes, ni dans quelles circonstances vous vous trouvés, mais si vous le pouvés, envoyés-moi du secours, la troupe pourra marcher sur Pridemast. Je ne souffrirai point, qu'on assiege Glogau, je me battrai plutôt, arrive ce qui en pourra. Voilà la façon de penser des Chevaliers, et la Mienne, je serai demain au de là de Sagan, après demain proche Glogau. Prompte reponse mon ami, et que le secours fasse de grands pas. Adieu, je vous embrasse.

Fréderic.

Lettre LII. *

Je crois, mon cher, que les trois Bataillons et deux Escadrons de Dragons, que vous m'avés envoyés sous le commandement du General Mayer, comme aussi les six Bataillons et cent Hussars, que mon frere a détachés à moi, joindront demain matin l'armée d'ici; au reste je puis vous mander, que l'ennemi dans nos environs est marché hier entre Freystadt et Neu-Salze. Il est arrivé avec une grosse cohue de Cosaques à Beuthen: et les Autrichiens avec leurs dix regimens de Cavalerie se sont postés ici au devant de nous tout proche d'un défilé. Moi je me suis posté dans ces
con-

contrées près de Bonau, restant pendant toute la nuit sous les armes. A la pointe du jour j'ai reconnu l'ennemi, et j'ai vu les Generaux ennemis aller de même à la decouverte, qui montés à cheval se sont retirés après tout lentement. Une heure après l'ennemi a déployé ses tentes, de sorte que pour aujourd'hui on aura beau attendre une attaque. S'il apprendra que j'aurai demain des secours, il y a bien à supposer, qu'ensuite il se passera encore moins d'affaires remarquables. Je suis etc. à Bonau ce 25me Septembre 1759.

Fréderic.

Avec 31000. hommes votre serviteur battu et maltraité, a empeché une armée de 50000. hommes, de l'attaquer et de se replier sur Neusalz, nous avons ici un bon poste, mais une seule ligne pour le garnir. Les secours arriveront demain ici.

Lettre LIII.

au camp de Bohne ce 26. Septembre 1759.

La journée d'hier a été critique, mon ami. L'ennemi avoit levé le 23. son camp de Freistadt, et s'étoit avancé vers Neustadel, je me mis en marche aussitôt pour me poster de façon à lui interdire les passages de Neustadel et de Beuten. Toute l'armée, s'entend 24. mille hommes, ont été postés le même soir à 7. heures; l'ennemi effectivement s'étoit posté avec toute ses forces vers le défilé de Röhl et de Keltschs, leurs Cosaques et Hussars au nombre de 3000. furent à Beuten, le 25. au matin toutes ces troupes étoient en mouvement. Les Generaux vinrent nous réconnoitre, et aparament que notre position leur parut trop avantageuse, ou qu'ils n'avoient pas envie de se casser la tête, nous les vimes se retirer doucement, et ils prirent leur camp à Altschau pour la gauche, la droite tirant vers Röhl. Hier au soir on m'avertit qu'un gros

gros de leurs troupes paſſoit l'Oder, mais jusqu'à préſent on voit encore leurs feux. Aujourd'hui la colecte de l'armée arrivera ici, et j'attens des nouvelles de l'ennemi pour me déterminer ſur les moyens les plus efficaces et les moins hazardeuſſes pour obliger ces infames incendiaires à quitter le païs. Je ſoupçonne, que leur deſſein eſt d'éviter la Bataille, ce qui doit s'éclaircir dans peu, dans ce cas il faudra faire une guerre de partie, et cela des deux cotés de l'Oder, et bien fortifier le camp pour faire ces détachemens impunément et ſans risque. Voilà, mon cher ami, où nous en ſommes. A préſent que j'ai quelques bonnes troupes, je ne crains rien du tout, j'avois détaché pour la Saxe tout ce qu'il y avoit de mieux dans mes troupes, la campagne alloit finir à Guben. Les Ruſſes vouloient partir, ne voila-t-il pas ce malheureux détachement de 10. Regimens de l'armée de Daun, qui arrive, ajoutés y quelques corruptions, et ces miſerables ſe determinent au siege de Glogau. Je crois que le projet en a manqué, il n'est donc question à present que de sauver le plat païs de la ruine, dont il est menacé; hier ces Canailles ont brulé deux villages à nos yeux, sans qu'on le pût empecher. Enfin je ne négligerai rien, et vous pouvés compter, que tout ce qui dépendra de moi, sera mis en usage pour finir et dépecher ceci le plutôt possible, mais cela n'est pas aussi facile qu'on le croiroit. Adieu, mon cher ami, je vous embrasse de tout mon Ceour.

Fréderic.

Lettre LIV. *

Je viens de recevoir vos lettres datées du 21me de ce mois. Les affaires sont à present telles, que, si vous bouchés ici un trou, vous en faites là un plus grand. Ecrivés-moi pourtant si le Colonel le Noble a de la Cavalerie avec lui. Moi, je me trouve ici dans la situation de me pouvoir passer de 500. chevaux, mais pas d'un seul homme de l'Infanterie. Si ces 500. chevaux vous peuvent être de quelque utilité, je vous les enverrai. Vous n'avés qu'à dire au Colonel le Noble, que, parcequ'il étoit proche de Hirschberg, il feroit bien d'écrire droit à moi, pourque je puisse savoir d'autant plutôt ce qui se passe dans ces contrées. D'ici je ne vous saurois rien écrire, car je n'ai pas encore pris tous mes arrangemens. Tout ce que je vous puis dire en avant, c'est que toutes les deux ar-armées ont autant de défilés au devant d'elles, qu'elles ne se sauroient point faire trop de dommage.

Ici je tenterai tout ce qui sera possible, pour voir, si je ne me pourrai donner quelque avantage sur l'ennemi, bienque je prevoie, que cela sera très difficile à exécuter. A ce qu'on dit, les regimens de Laudon ont manqué de pain pendant trois jours: mais qu'est ce que cela leur fait? N'ayant point de pain, ils font un abattis d'autant plus grand de bestiaux. A Bonau ce 28me Semprembre 1759.

Fréderic.

Lettre LV.

ce 28me.

Les barbares sont encore vis a vis de moi, je leur prépare un bon tour, s'il réussit ils denicheront bien vite. Je vous avoue, que j'ai grande impatience d'en être delivré, pas pour moi, mais pour le païs, qu'ils ruinnent, et qu'ils brulent. Je vous manderai tout ce qui se passe ici.

Mandes-moi, mon cher, et de vos nouvelles, et de ce qui se passe du coté de Goerliz. Adieu, je vous embrasse.

Fréderic.

Let-

Lettre LVI.

RECEVANT tantôt la nouvelle, mon cher General, que le General Beck, qui étoit posté avec un corps de 12000. à 18000. hommes auprès de Marc-Lissa, est intentionné, d'aller à Glogau, je veux vous en avertir, et ne sachant point s'il y a quelque troupe ennemie auprès de Neisse, ou non, vous n'avés au dernier cas, qu'à attirer le Regiment de Mosel à vous: puis vous pouvés renforcer le poste du coté de Hirschberg par deux Bataillons. Voyés aussi, s'il n'est pas possible d'arrêter Beck. Moi, n'ayant que sept Regimens de la Cavalerie à l'armée d'ici, je ne saurois détacher encore à vous que 300. chevaux outre les deux Escadrons que vous m'avés envoyés. En cas que le General Beck veuille pénétrer vos environs, il vous faudra tacher, de harceler son arriere-garde, et de lui enlever son bagage pour retarder ses desseins. Vous pouvés croire que ce
nou-

nouvel accident m'a bien embarassé, puis qu'il m'est impossible de détacher d'ici. Il sera donc d'autant plus nécessaire, que vous attiriés le Regiment Mosel de Neiss à vous, lequel à tout évenement y pourra bientot retourner. Il me faudra aussi vous envoyer le General Mayer avec 600. chevaux droit à Hirschberg: mais ce General n'étant point un homme trop propre au commandement, vous le devés subordonner à un autre. Si le General Beck est deja passé pour aller à Glogau, il vous faudra envoyer le commandement de Hirschberg ici, et je tacherai de le fortifier, pour retenir par là le General Beck de Glogau. Je suis etc. à Bonnau ce 28me Septembre 1759.

J'APPRENS que Beck veut marcher à Glogau, vous en sentés la consequence. Jugés s'il venoit de derriere et les autres de devant, ce que deviendroit mon armée. Beck n'a eu que 10000. hommes à Zittau. Je ne sais si Harsch l'aura renforcé ou non. Adieu.

Fréderic.

LET-

Lettre LVII.

J'ai reçu votre rapport du 2me de ce mois et je veux vous expliquer tout le deſſein de l'ennemi. Laudon couvre la marche des Ruſſes. Dès que ceux-ci ſeront paſſés, il voudra cotoyer les frontieres de la Siléſie juſqu'à Oppeln et Ratibor pour mettre le ſiege devant Neiſſe: et ils feront marcher apparemment un corps dans la province de Glaz, qui s'approchera ſans doute du coté de Weidenau ou de celui de Jaegerndorf. Pour deranger leur deſſein j'enverrai d'abord un Corps de Cavalerie juſqu'à Coſel, pour chaſſer les pandoures qui s'y trouvent. Ce Corps ſera ſuivi des trois Bataillons que vous m'avés envoyés et des ſix Bataillons de mon frere. Je penſe auſſi remplacer quelques Bataillons que vous avés avec vous et le Corps auprès de Hirſchberg, par un Corps du reſte de mon armée. Ce qui reſte de troupes dans les environs de Landshuth, aura le General

Ma-

Major de Goltz sous son Commandement. De plus, je vous donnerai le commandement du Corps dans la Silésie superieure, et moi, je marcherai avec 13000. hommes à peu près en Saxe. S'il y avoit des troupes du General Harsch, qui s'approchassent dans la suite de Neisse, Golz pourra détacher de plus en plus vers Schweinitz. Mais à vous il faudra rester encore, en attendant des lettres plus précises de moi. Ce ne sont que mes idées préliminaires. Mon frere m'a écrit lui-même du 26me de ce mois, que le General Wehla a été fait prisonnier, et que son Corps entier a été dissipé près de Hegenwerde. Laudon s'est posté ici dans la Contrée de Ratlon derriere des bois et un triple défilé. Les Russes défilent vers la Pologne. Six mille hommes avec une partie de leur bage, sont deja entrés, et aujourd'hui marche un autre Corps de leur armée, mais je ne saurois déterminer encore combien de chemin ils feront. Ceux que je vous enverrai en

Silé-

Siléfie arriveront en trois jours, dès leur départ près de Breslau, en fix jours ils joindront Neifse, en fept les environs d'Oppeln pour détruire là le pont, afinque l'ennemi ne puiffe paffer. Après huit jour ils attaqueront et chafferont le Corps près de Cofel, qui ne peut être trop fort pour ne le pas fouffrir. Ce qui fera détaché d'ici à Hirfchberg, y doit arriver en trois jours pour relever les Bataillons.

Au refte envoyés-moi au plutôt une Lifte des Regimens et Bataillons, que vous avés avec vous. Je fuis votre affectionné Roi.

Fréderic.

à Zerbau près de Glogau ce 3me October 1759.

VOILA mon cher ami, le petit raifonnement que je fais fur les circonftances prefentes, l'ennemi eft ma Boufsole, il faut que je me régle fur fes mouvemens, je croi qu'il prendra demain, au plus tard après demain, le chemin de la Pologne, alors je vous écrirai pofitivement ce que je ferai,

mais

mais quoique les choses different, préparés-vous au Commandement des troupes de la haute Silésie, vous étes le plus digne à qui je puisse le destiner. A peu près je détacherai d'ici en droiture 9. Bataillons complets, 10. Escadrons de Hussars, 10. de Cavalerie, en suite je releverai tout le poste de Hirschberg avec mes troupes de sorte, que Golze marchant à Landshuth, vous facilitera un détachement de la même force, qui marchera à Neisse dont vous pourrés tirer le regiment de Ramin dès que vous marcherés en avant, de sorte que vous aurés 18. Bataillons ou 19. avec 20. Escadrons des miens, sans ce que pourrai laisser de Cavalerie à Hirschberg et Landshuth, car je voudrois volontier, que Werner pût être de l'expedition de la haute Silésie, et pour le remplacer je pourrois laisser Ruesch et Malacowsky à Landshuth, et je marcherai en Saxe avec à peu près 13. mille hommes, j'en ai ici 39. mille de sorte, que j'en destinerai 18. mille pour la

Si-

Siléfie. Adieu, mon cher ami, je vous embraffe.

Fréderic.

LETTRE LVIII.

ce 6me Octobre.

L'ENNEMI marchera, je crois, aujourd'hui, ce qui éclaircira nos doutes felon toutes les apparences. Les Ruffes s'écarteront de la route de Thoren et les Autrichiens marcheront par Raviz, le long de la frontiere ; en ce cas voici ma difpofition : le General Platen marchera à l'inftant avec le regiment de Buttkammer, 10. Efcadrons de Cuirafiers et le Bataillon de Bodenbrug, il fera dans 3. jours de marche près de Breslau, le 4me repos, le 6me à Löwen, le 7me un détachement à Oppeln pour rompre le pont, le 8me rompre le pont de Crapiz et chaffer les Pandoures de Cofel. 8. Bataillons avec 12. pieces de 12. livres

de

de bale; les Generaux Queis, Gablenz partiront le même jour, 3. marches à Langencant, un jour de repos, le 6me jour à Neisse; le même jour le General Thiele part avec 5. Bataillons d'Infanterie, le General Mayer avec un regiment de Dragons, le General Malacowsky avec le regiment de Ruesch et de Malacowsky, qui tous deux font 600. hommes, le 4me jour ce Corps sera à Landshuth, pour vous relever, vous pouvés donc prendre 5. Escadrons de Bareith, le regiment de Werner à un Escadron près, et les 7. Bataillons et vous rendre en 3. jours à Neisse. Il ne faut point de détachement à Wartha, si vous y voulés absolument mettre quelque chose, que ce soit un Bataillon Franc. Vous pouvés donc être avec vos 7. Bataillons dans 3. jours à Neisse. Vous passerés la riviere, et chasserés le Corps qui est à Neustadt. Si Harche détache pour la haute Silésie, il faut que Golze détache à proportion pour Neisse, les 5. Bataillons que j'envoye, pourront en tout cas tenir ce poste de Landshuth, pourvûqu'il n'y ait que Janus qui reste à Schazlar. Dès que Blaten aura expedié les gens de Cosel, vous pourrés vous rejoindre à Lobschuz et Neustadt, ou quelque part par là. Laudon repassera par la haute Silésie, et c'est pour lui prêter la main, que Harsche détachera pour Lubas, et si ces gens ne trouvoient personne vis à vis, ils seroient assés forts que d'entreprendre ou le siege de Cosel ou de Neisse. Je dois ajouter, que s'il ne reste que Janus près de Schazlar, vous pouvés vous servir de tout le regiment de Bareith. Votre grand objet est de prévenir Laudon, ce qui est imanquable, de détruire les Magasins, si l'ennemi en fait à Troppau ou à Jaegerndorf, et de harceler Laudon tant que vous pouvés. Le Corps de Laudon fait 18. mille hommes, consistant en 10. Regimens de Cavalerie dont 3. sont très foibles, 27. Bataillons dont 5. font 1000. hommes, les autres regimens à peu près 1000. têtes, 1200.

Hussars

Huſſars et 2000. Croates. Voilà ſur quoi vous pouvés compter. Ce matin les Ruſſes et Laudon ſe trouvoient encore entre Schlichtingsheim et Strowaſſer. Dès que je ſaurai, qu'ils marchent, et qu'ils ſe ſéparent, je ferai partir mes 3. Colomnes, et vous en avertirai, pourque le 7^{tieme} jour vous puiſſiés être près de Neiſſe. Quant à moi, dèsque je verrai, que tout eſt parti d'ici, je prendrai le chemin de Bunzlau et de Goerlitz pour finir la Campagne près de Dresde. Voilà tout ce que mes facultés me permettent de faire en attendant; ſi Harſch détache, envoyés toujours à bon compte en même proportion des troupes à Neiſſe. Car il eſt tems de penſer à la haute Siléſie. Adieu, mon cher ami, je vous embraſſe de tout mon coeur.

Fréderic.

LETTRE LIX.

Vous ne concevés pas, mon cher, la combinaifon de ces affaires-ci, Laudon ne peut paffer l'Oder qu'à Ratibor ou à Oppeln; on dit que les Croates affemblent des Magafins de ce côté-là. Il faut détruire ces Magafins ou les prendre à l'ennemi, et faire ruiner le pont d'Oppeln et de Ratibor avant l'arrivée de Laudon. Il faut de plus chaffer une troupe de gueux, qui fe donnent des airs de bloquer Cofel. J'ai envoyé cinq Efcadrons de Huffars à Breslau. Je leur ordonnerai d'aller à Löwen, envoyés y Werner inceffamment avec 5. Efcadrons de fon Regiment.

Instruisses-le des projets de l'ennemi et des miens fur la haute Siléfie. Peut-être qu'avec ces dix Efcadrons il pourra remplir ces trois objets, favoir: prendre les Magafins, rompre les ponts, et chaffer l'ennemi de Cofel. Quant à moi, je ne puis ni féparer mon armée, ni faire des détachetachemens, tantque les Russes et les Autrichiens sont joints ensemble. Ils campent entre Mechor et grand Osten, ayant la Basth devant eux. J'attens le moment de leur séparation. En peu de jours les Russes seront obligés d'aller à Posnanie et Laudon de gagner la haute Silésie. C'est alors que je détacherai de l'Infanterie pour Breslau, je les préviendrai toujours. Mon détachement pour Landshuth pourra y arriver en trois jours, si avec ce Corps vous marchés droit à Neisse, et que vous vous joigniés à Neustadt avec les regimens que je destine pour la haute Silésie, vous serés toujours en état de harceler Laudon au passage de l'Oder ou de donner dans son arriere-garde, et si Harsche détache en conséquence, ainsi à mesure que l'ennemi se fortifie, vous vous fortifiés aussi. Sachés qu'environ avec 2500. Hussars, 3500. hommes de Cavalerie j'ai fait tête pendant toute la campagne à 6. ou 12. mille hommes de troupes legeres à 10. regimens de Cavalerie autri-

autrichienne et à toute la Cavalerie des Russes, ainsi avec 20. Escadrons de Cavalerie et deux bons regimens de Hussars, vous pouvés faire tête également à la Cavalerie de Laudon, trois regimens sont totalement ruinés et les autres ont furieusement souffert, il ne s'agit ensuite, que de prendre des terrains, où la Cavallerie n'ait pas beau jeu pour agir. Laudon n'a que 8000. hommes d'Infanterie, ses troupes se fondent tous les jours; ils sont cinq à six jours sans pain, ils feront obligés de faire une terrible marche, qui lui coutera trois mille hommes, pour le moins de desertion; ajoutés à cela, que ces troupes ont pris la dissenterie, que la foiblesse et la mauvaise nouriture obligeront Laudon de les ramener le plus vite qu'il pourra en Moravie. Ainsi loin de vous presenter de grandes difficultés, figurés-vous une nouvelle carriere de gloire, qui s'ouvre pour vous; sur ce, je prie Dieu, qu'il vous ait en sa sainte et digne garde. A Sophienthal ce 9. Octobre 1759.

Fréderic.

Lettre LX.

L'ennemi mon cher Fouqué, eſt marché avant hier à Boganowa et Rawitſch; Laudon et les Ruſſes ſont encore enſemble; malgré tout cela je fais partir aujourd'hui le détachement qui ſera le 29. au ſoir à Landshuth. Le General Major Thiele marche aujourd'hui avec ſes cinq Bataillons, les Huſſars de Malachowsky et le General Major de Mayer avec le regiment de Platen, en paſſant le pont près de Köben jusqu'à Rauden, le 27. jusqu'à Liegniz, le 28. à Ronſtock, et le 29. à Landshuth. Si vous pouvés marcher le 29. au ſoir avec l'Infanterie, Werner et Baireuth pourront vous ſuivre par des marches forcées, vous marcheriés donc à petit bruit à Reichenbach, c'eſt à dire à deux miles de Landshuth, et vous pourriés être le 31. de ce mois à Neiſſe. Mais neuf Bataillons ſont à Trachenberg; je les envoie de là tout droit par Brieg, où ils auront je crois cinq jours de marche.

Laudon veut marcher par Kalisch, Siradie, Cherstockow; je le fais cotoyer jusqu'à Wartenberg; il part 5. Escadrons de Hussars sous le Major de Bodkursky et dix Escadrons de Cuirassiers. Dèsque Laudon se sera éloigné de cette contrée nous marchons en droiture par Brieg à Löwen. Je ne sais comment il se fait, que Laudon est informé de la marche, que vous faites. Ce n'est pas d'ici, qu'il l'a appris, je ne me fie pas trop à votre secretaire; comme l'ennemi emploie tant de corruptions, prennés un peu garde à sa conduite, vu que nous sommes dans des tems, où il faut se mefier de tout.

Desque vous serés arrivé à Neisse, vous recevrés primo des rapports du General de Queiss et de Gablentz qui sont auprès de l'Infanterie, ainsi que de Bodkursky et de Schmettau.

Seize Bataillons seront tout ce qu'il vous faudra là bas; j'ai fait détruire le pont d'Opd'Oppeln, et je fais que Laudon a dit: fi le General Fouqué me previent du côté de Cofel et de Ratibor, je pafferai par la Jabluncka.

Quand toutes ces operations ici ameneront les chofes à un point, qu'il fera impoffible à l'ennemi d'entreprendre un fiege en Siléfie, de forte que vous pourriés peut-être leur faire reffentir une partie du mal, que ces gens nous ont fait ici en brulant et pillant, le mal ne feroit pas grand de leur bruler Jaegerndorf, et quelques villages dans ces environs là de l'autre coté de l'Oppa, ce qui les empechera de tenir tant de troupes fur nos frontieres.

Je fuis malade, mon cher, et cela m'empeche de vous écrire avec de la connexion fur toutes ces chofes-là, je m'en rapporte à votre habileté. Laudon a 14. jour pour arriver à Oppeln et 15. à Ratibor, par quoi vous voyés que vous pouvés toujours le

préve-

prévenir de long tems, sur ce je prie Dieu, qu'il vous ait en sa sainte et digne garde. A Sophienthal ce 26. Octobre 1759.

Fréderic.

COPIE
d'une lettre particuliere.

Notre tranquillité va toucher à sa fin: depuis le 14. et le 15. les Barbares ont passé la Vistule en trois colomnes, l'une se forme à Dirschau, l'autre à Munsterwalde vis à vis de Marienwerder, et la 3me à Thoren; un de nos espions rapporte que Fermör étoit arrivé le 18. à Gnesne à la tete de 40. mille hommes, le nombre est exageré. Un autre de nos gens assure que tous leurs mouvemens d'après ent ne sont encore que defensifs; que tout ce qu'ils font, ce n'est que par crainte, que nous n'avancions vers la Vistule; et qu'ils se borneront à faire un cordon depuis Conitz jusqu'à
Pos-

Posnanie, qu'ils attendroient dans cette Position que Soltikof fût de retour de Petersbourg, et que leurs Magasins soient établis, et arrangés. Le Prince n'attend que des nouvelles des Montagnes (où les Manoeuvres des Autrichiens sont aussi matiére d'inquietude) pour se resoudre à partir.

Il me semble que les Autrichiens n'ont pas envie de faire de grands efforts en Saxe, et qu'ils employeront toutes leurs forces contre la Silésie. Trois differents détachemens venus de Dresde ont passé par Zittau pour se rendre en Bohëme: en ce dernier lieu 8. Bataillons, trois Regimens de Cavallerie et un de Hussars qui ont passé l'hyver à Dippoldiswalde et à Frauenstein, ont passé l'Elbe, le 14. à Pirna pour prendre la même route.

Le Marechal Daun a diné la veille d'avanthier chés Beck à Zittau, et après le diné il est parti pour Reichenberg, où il a été suivi le lendemain par toutes les troupes

pes qui étoient logées à Zittau et aux environs: où ils en veulent au poste de Reichhennersdorf, ou à celui de Kaltvorwerck: toutes les mesures sont prises pour les bien defendre; 14. Bataillons sont destinés pour le prémier, et 20. pour le second: outre cela S. A. R. avec ce qu'elle a ici, tacheroit de la besogne où être pourroit: tout cela est fort beau, tant que l'enseigne des Barbares ne viendra point nous forcer à lui donner toute notre attention, mais dès qu'il faudra marcher contre ceux-là, si vous ne détachés de la Saxe, je ne vois pas trop, comment Fouqué se tirera d'affaire: il lui restera pour les postes de Löwenberg, et de Kaltvorwerck cinq Bataillons dont il sera obligé d'en envoyer deux à Glogau pour renforcer la Garnison: jugés s'il est possible de defendre ces deux Postes avec trois Bataillons.

Co-

Copie d'une lettre
du General de Fouqué au Roi. *

Les ordres de votre Majesté m'ont été bien rendus. Je lui envoye ici très-humblement l'extrait de quelques Relations de la part de l'ennemi.

Votre Majesté aura deja vû dans les rapports du General Major de Schmettau, les mouvemens de l'ennemi, dont les desseins ne paroissent pas encore déterminés.

Ce que j'en juge, c'est que les Autrichiens attendront dans les environs de Königgrätz, Gitschin, Reichenberg, Zittau etc. jusqu'à ce que les Russes commencent leurs operations, et que le Prince Henri soit nécessité, de s'en aller: après ils pénétreront avec violence en Silésie.

à Löwenberg ce 22me Mai 1760.

La M. Fouqué.

Extrait *
de quelques Relations du coté de l'ennemi, par le Lieutenant Colonel d'O.

du 20me Mai 1760.

Les troupes autrichiennes, qui ont été postées encore près de Freywalde, sont partis, dit-on, avant deux jours pour le Corps de Laudon en Boheme. Le General Laudon est arrivé le 16me de ce mois à Königgraetz, il ne s'y est pas arrêté long tems, mais il s'est replié vers Gitschin: selon les mêmes relations son Corps consiste en 20. mille hommes. L'Infanterie campe entre Königgraetz et Schmirnitz, la Cavalerie cantonne en Villes et villages. Le General Beck marche avec son Corps vers Trautenau, où plusieurs Commissaires sont arrivés, et où l'on dresse beaucoup de fours pour la boulangerie.

Relation

par le General Major Schenkendorf, datée du 21me du mois de Mai.

Un Espion, qui est retourné le 20me de ce mois de Königgraetz, rapporte que le General Laudon s'y trouve, et qu'il l'a vû dans ce lieu lui-même.

Que le Corps de Laudon cantonne encore depuis Königgraetz jusqu'à Jaromirs, qu'on avoit dépeché le Bagage, les chariots d'artillerie et la boulangerie à Königshof, et qu'auprès de Trautenau tout soit encore dans la même position.

Deposition

d'un Deserteur autrichien, qui est parti le 17me de ce mois de Gabel.

Le Corps de Laudon, consistant en 13. Regiments d'Infanterie est marché en deux colomnes sur Leuthomischel, Hohenmauth, Königgraetz, Gitschin, Reichenberg dans les contrées de Gabel et de Zittau.

Le 14me le Regiment de Baaden-Baaden, auquel il étoit subordonné, est entré à Gabel; le Corps a 40. Canons avec soi, sans compter les Canons du Regiment.

Aupres de Zittau en delà de la Neisse on a tracé un Camp, mais personne n'y campe.

Le General Laudon a son quartier General à Zittau, et le General Beck se trouve encore à Olbersdorf près de Zittau.

Aupres de Zittau et de Reichenberg on travaille à des retranchemens très forts, et les ponts sur la Neisse ont tous été détruits.

Qu'il ne savoit rien de ce que le Marechal de Camp Daun, avoit été à Zittau.

Autre Relation du General Major Schenkendorf du 22me Mai.

Que le General Laudon se trouve à Königgraetz, et que le Corps cantonne depuis Königgraetz jusqu'à Jaromirs et Gitschin.

Qu'on établit un Magasin à Jaromirs.

Qu'en

Qu'en Bohême court le bruit, que le General Janus iroit avec son Corps en Silésie superieure, et que Laudon se posteroit près de Trautenau.

Que le 20me de ce mois le General Janus y avoit envoyé les malades de son Corps.

Copie d'une Lettre du Roi de Prusse à Mr. Le Marquis d'Argens, écrite à Germansdorff près de Breslau le 27. Août. 1760.

Autre fois, mon cher Marquis, l'affaire du 15. auroit décidé de la Campagne, à present cette action n'est qu'une égratignure : il faut une grande Bataille pour finir notre sort. Nous la donnerons selon toutes les apparences bientôt, et alors on pourra se réjouir si l'événement nous est avantageux. Je vous remercie cependant de la part sincere que vous prenés à cet

avan-

avantage. Il a falu bien des rufes bien de l'adreſſe pour amener les ſchoſes à ce point. Ne me parlés pas de dangers: La derniere action ne me coute qu'un habit et un cheval; c'eſt acheter à bon marché la Victoire. Je n'ai point reçû l'autre lettre dont vous me parlés, nous ſommes comme bloqués pour la correſpondance, par les Ruſſes d'un coté de l'Oder, et par les Autrichiens de l'autre. Il a falu un petit combat pour faire paſſer Coeſé, j'eſpere qu'il vous aura rendu ma lettre. Jamais je n'ai été de ma vie dans une ſituation plus ſcabreuſe que cette Campagne-ci. Croyés qu'il faut encore du miraculeux, pour nous faire ſurmonter toutes les difficultés, que je prévois. Je ferai ſûrement mon devoir dans l'occaſion, mais ſouvenés-vous toujours, mon cher Marquis, que je ne diſpoſe pas de la fortune, et que je ſuis obligé d'admettre trop de caſuèl dans mes projets, faute d'avoir les moiens

ens d'en former de plus solides. Ce sont les Travaux d'Hercule que je dois finir dans un âge, où la force m'abandonne, où mes infirmités augmentent (et à vrai dire) quand l'esperance (seule consolation des malheureux) commence même á me manquer. Vous n'étes pas assés au fait des choses pour vous faire une idée nette de tous les dangers qui menacent l'Etat, je les sais je les cache, je garde toutes les aprehentions pour moi, et je ne communique au public que les esperances ou le peu de bonnes nouvelles que je puis lui apprendre. Si le coup que je medite, réussit, alors, mon cher Marquis, il sera tems d'epancher sa joye, mais jusques-là, ne nous flattons pas de crainte, qu'une mauvaise nouvelle inattendue ne nous abbatte trop. Je mene ici la vie d'un Chartreux militaire, j'ai beaucoup à penser à mes affaires. Le reste du tems je le donne aux lettres qui font ma consolation, comme elles la faisoient de ce Consul Orateur Pére de la Patrie et de l'Eloquence. Je ne sai, si je survivrai à cette guerre, mais je suis bien résolu, si cela arive de passer le reste de mes jours dans la retraite au sein de la Philosophie et de l'amitié. Dèsque la correspondance deviendra plus libre, vous me ferés plaisir de m'écrire plus souvent ; je ne sai, où nous aurons nos quartiers cet hiver. Ma Maison à Breslau a peri durant le Bombardement. Nos ennemis nous envient jusques à la lumiere du jour et à l'air que nous respirons. Il faudra pourtant bien, qu'ils nous laissent une place, si elle est sûre, je me fais une fête de vous revoir. Hé bien ! mon cher Marquis, que devient la paix de la france, vous voyés que votre nation est plus aveuglée que vous ne l'avés cru. Les foux perdront le Canada et Pondichery pour faire plaisir à la Reine d'Hongrie et à la Czarienne. Veuille le Ciel, que

le

le Prince Ferdinand les paye bien de leur zele, ce seront des Officiers innocens de ces maux et de pauvres soldats, qui en seront les victimes, Les Illustres coupables n'en souffriront pas.

Je sai un trait du Duc de Choiseul, que je vous conterai, lorsque je vous verrai. Jamais procédé plus fou ni plus inconsequent n'a fléchit un Ministre de France dépuis que cette Monarchie en est Voici des affaires qui me surviennent j'étois en train d'écrire, mais je vois qu'il faut finir pour ne pas vous ennuyer, et pour ne point manquer à mon devoir. A Dieu, cher Marquis, je vous embrasse.

   (étoit signé) Fréderic.

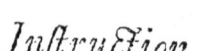

Instruction

pour les Majors-Generaux de la Cavalerie.

QUOIQUE les Majors-Generaux de la Cavalerie soient déja munis d'une instruction, je trouve pourtant à propos de leur ajouter ici quelques choses, afin qu'ils se souviennent mieux de tout ce que je veux qu'ils fassent pour la Campagne prochaine. Pour le devoir des Majors-Generaux de la Cavalerie au Camp : ceux qui sont de jour, doivent prendre soin de faire réléver les grandes-Gardes à la pointe du jour, et faire en sorte que les patrouilles passent comme il faut d'une garde-avancée à l'autre ; qu'on patrouille reguliérement le matin. Pour les postes de jour : il ne faut pas qu'un goujat aille paitre les chevaux hors la chaine. Ils doivent visiter de tems en tems leurs postes, et faire en sorte que tout soit bien alerte; mais surtout ils doivent observer dans

le

le Camp que pendant la nuit tous les ordres donnés aux Brigades soient bien executés; qu'on ne permette pas aux gens d'aller abbreuver les chevaux sans quelque Officier; qu'aucun Officier n'aille à l'hôpital des malades, à moins qu'il ne sente en effet quelque mal; qu'aucun Regiment ne dresse des tentes entre les ruës des Compagnies, comme fit celui de Kyow auprès de Goerlitz; quand j'en trouverai, je ne m'en prendrai point aux Officiers commendans des Regimens, mais aux Majors-Generaux des Brigades qui m'en repondront. En fourageant il faut qu' à cause de la précaution auprès de l'ennemi et de la chaine ils ne permettent point de pillage, mais les gens doivent prendre du fourage et non pas des oies ou des canards pour les cacher dans les bottes, c'est pourquoi chaque Officier doit toujours les faire délier dans sa présence, et ceux qui vont là-contre doivent être rigoureusement punis. En marchant ils doivent faire marcher les chevaux à grand pas et non pas lentement, comme c'est la coutume des Regimens, il faut ferrer Escadron contre Escadron, Regiment contre Regiment, Brigade contre Brigade; s'il y a des défilés à passer, les Generaux doivent faire en sorte que les Brigades les passent bien vite, que les gens ne s'entrequerellent pas, et que tout se fasse le plutôt possible. Ils ne doivent point souffrir de maraudes, et aucun soldat ne doit sortir de son rang, ni se laisser attraper dans les villages; quand ils sont dans les avant-gardes ils doivent soutenir les Husars; dans ces occasions, il faut à ce que j'ai souvent dit, prendre de grands intervalles, et soutenir, c'est couvrir le flanc des Husars, se tenir au cas de besoin à 300. pas derriere eux, et avancer avec un, deux ou plusieurs autres Escadrons, en cas qu'une troupe de Husars soit repoussée, pour donner la chasse à l'ennemi; surtout il faut bien observer et

concouvrir les ailes. Dans l'arriere-garde il faut faire les mêmes manoeuvres, sans en venir trop souvent aux mains avec l'ennemi, mais il faut tout faire en se repliant. Dans de telles rencontres il est nécessaire, qu'en passant des défilés, cela se fasse avec la plus grande vitesse qu'il est possible, quand ce seroit en trotant, mais il faut d'abord former les rangs de l'autre coté et tout cela en marchant ; ainsi cela se peut aussi faire dans toutes les plaines. Il faut repouser l'ennemi trop hardi, cependant les Generaux ne doivent pas engager toute la masse, ils doivent toujours tenir quelques Escadrons en reserve, quand même ce n'en seroit qu'un. Ils ne doivent pas trop s'approcher des bocages, parce qu'ils peuvent toujours être tenus de Pandoures ou d'autres Troupes ennemies ; mais s'ils rencontrent de la Cavalerie ennemie qui n'est pas soûtenue par l'infanterie, ils en viendront aisément à bout. Chacun doit faire marcher serrément

ment les gens, et empecher qu'ils courent çà et là, à la pourſuite même il faut toujours y avoir quelque choſe de ſerré, qui les ſoutient, et ſur quoi les autres peuvent ſe replier. Pour les Bataillons il y a deux ſortes d'affaires à obſerver: des affaires d'Infanterie et des affaires de Cavalerie; les affaires d'Infanterie ſont les attaques des villages, des montagnes, des Poſtes difficiles, dans ces ſortes de Batailles on ne ſauroit faire agir la Cavalerie par aile, mais bien par intervalles. C'eſt pourquoi la Cavalerie eſt d'ordinaire rangée dans le troiſieme corps de Bataille, et ne peut agir que quand l'Infanterie a deja fait un trou à tel ou tel coté, et où l'on peut employer un ou deux Regimens de Cavalerie. Dans cette rencontre le General de Brigade doit vite ſe rendre au lieu où il faut enfoncer, et pénétrer en Colomne avec des Eſcadrons entiers à la file, pour profiter de la confuſion de l'ennemi, comme les Regimens Garde du Corps,

Gens

Gens d'armes et Seidliz firent auprès de Rosbach, comme fit l'aile du General Seidliz auprès de Zorndorff, de même que les Gens d'armes auprès de Hochkirch, et quand ils laisseroient avancer les gens en desordre dans cette occasion, n'importe. Ils ont à observer ici qu'en casque l'ennemi ait posté de la Cavalerie ferrée derriere l'Infanterie, ils ne s'éloignent pas trop de leur Infanterie : car à mesure que notre Infanterie chasse celle de l'ennemi, la poursuit, et a achevé de la mettre en déroute, ils s'exposent par une poursuite trop longue. Il y a mille choses à observer, savoir : s'ils trouvent au coté de l'Infanterie qui est en bredouille, encore une Infanterie formée, ils la peuvent attaquer avec droit et justice, s'ils la peuvent prendre en dos. Ce sont toujours les attaques les plus sûres pour la Cavalerie, car cela fait beaucoup de tort à l'ennemi, et elle n' y court aucun risque : il faut donc que ces choses se fassent

ſent avec la plus grande viteſſe, afinque l'ennemi n'ait pas le tems de faire des contre-mouvemens Quand la Bataille ſe livre dans la plaine, et que la Cavalerie eſt poſtée, chaque Major-General doit ſe tenir à la tête de ſa Brigade, excepté les Lieutenans-Generaux, à qui j'ai fait defenſe de ſe tenir par devant, parcequ'ils doivent redreſſer la confuſion, et donner ordre, que le ſecond Corps de Bataille ſoutienne les attaques par tout où il ſera néceſſaire. Dans ces attaques il faut principalement que les ailes ſoient bien appuiées, que le ſecond Corps de Bataille obſerve bien le prémier, que les Regimens ſoient toujours bien ſerrés, que plus on approche de l'ennemi, plus la carriere ſoit forte, de cette maniere il ne ſe fera pas de melée ; quand l'ennemi ſera repouſé, ils doivent prendre garde à ſe couvrir les flancs, ils faut ſurtout que le ſecond Corps de Bataille y ſoit attentif. Au reſte il faut que les Generaux prennent ſoin

de

de conferver les chevaux de leurs Brigades, et d'obferver un bon ordre parmi les Officiers et en toute autre chofe. Si quelqu'un fait une faute, il le faut faire arreter et punir rigoureufement. On ne doit point fouffrir d'Officier qui fait une lacheté, et comme les Regimens font cette année en fort bon état, il faut qu'ils faffent tous leurs efforts d'aquerir dans cette campagne une auffi bonne reputation que dans celle de l'année paffée. A Breslau ce 16. Mars 1759.

MON cher General d'Infanterie de Fouqué. Ayant deja repondu à vos deux Lettres du 22me de ce mois, j'ajoute feulement ici, que felon les nouvelles que j'ai de la grande armée autrichienne, celle-ci a tourné fes operations vers la Siléfie, et que pour cela toute l'armée s'affemblera auprès de Koeniggraetz. Je vous envoie ci-joint un exemplaire de l'inftruction pour les Majors-Generaux de la Cavalerie, que vous devés remettre au Major-General de Meyer, et la lui bien inculquer. Je fuis votre bien affectionné Roi. A Ronftock ce 24. Mars 1759.

Route

Route pour la Marche
de Tannhaufen à Friedland fur 2. colomnes 2. milles.

La prémiere colomne marche par Griesfau et Neurn, quand elle arrive à Neurn à deux cent pas par de-là le cabaret, la colomne tourne à gauche, et paffe par un chemin de travers qui mene à un bocage entre Conradswalde et Gurtelsdorf; le bocage paffé, la colomne prend à droite, et tient la route frontiere qui mene le long du dit-bocage jusqu'à Trautliebersdorf, lequel village elle laiffe à droite; au bout de Trautliebersdorf elle entre dans le grand chemin de Boffinow et de Friedland.

La feconde colomne marche par Forfte et Conradswalde, de là elle paffe le grand chemin de Friedland.

Route pour la marche
de Landshuth au camp de Tannhausen sur
2. colomnes 2. milles.

La prémiere colomne marche par Oberforst, Schwartzwalde, Rottenbach, Gottsberg, Alt-Hermsdorf, Waldenbourg, par les Oberhaeuser d'Altwasser, par le Reisendorferhof, et de là par la forêt au Camp auprès des Kohlhaeusers.

La seconde colomne marche par Witgendorf, Gablau et Liebersdorf; par Salzbrunn, Seitendorf, Dittmannsdorf, debouche auprès de l'Eglise, et enfin par la forêt au camp de Baersdorf.

NB. Les grands canons peuvent pourtant dès l'Eglise de Dittmansdorf passer le chemin de Kynau et de Barsdorf, laissant ce dernier à gauche.

Route pour la marche.
de Tannhausen à Grussau.

La prémiere colomne par Reisendorferhof, de là par Barengrundt, Dittersbach, Tona, Kretschen, Fellhammer, Lassig, Vogelgsang, Conradswalde à Grussau.

P   La

La seconde colomne par Dittmansdorf, étant hors du village, elle marche à Neureifendorf, Oberhaeuſer d'Altwaſſer, Ralle, à la Metairie de Waldenbourg, à Gottsberg, Rottenbach, Schwartzenwald et enfin à Hermsdorf auprès de Gruſſau.

Dispostion *
pour la marche de demain, au Camp de Buchdorf ce 29me Août 1759.

I.

L'armee se met en marche juſtement à deux heures et demie ſur trois colomnes, ſerrément pour déployer; toutes les armes ſeront encore viſitées aujourd'hui.

II. Deux colomnes paſſent en ſe cotoyant par la trouée de la forêt d'Almenhauſen, la troiſieme colomne de Cavalerie paſſe par le milieu de l'armée par où paſſoit aujourd'hui le Lieutenant General Comte de Dohna. L'aile droite de la prémiere colomne déploye auprès d'Almenhauſen, le Rechiment

ment de Ruesch seul a pris à droite, parcequ'il est par devant; les Regimens
marchent dans l'ordre suivant.

- 10. Escadrons Ruesch marchent par rang d'Escadron et
- 1. Bataillon Kanitz couvre les deux Colomnes.
- 2. — — Kalnar.
- 2. — — Lehwald.
- 1. — — Gohr.
- 5. Escadrons Holstein.
- 1. Bataillon Lossow.

Le 4me 3me 2d et 1er Bataillons de Sidow,
Train d'artillerie. Celle-ci tourne à gauche entre Manteuffel et Sidow.

Seconde Colomne, aile gauche, l'Infanterie
prend auprès d'Almenhausen à droite, et
dèploye par derriere. Après cela

- le 2d — Bataillon Kanitz.
- — 1er et 2d — — Below.
- — 1er et 2d — — Dohna.
- — 1er — — — Boelentz.
- — 1er — — — Manstein.
- — 1er 2d 3me 4me — Manteuffel.

La troisieme colomne comme l'aile gauche
qui aura 20. Escadrons dans le prémier
Corps

Corps de Bataille, et 5. Escadrons dans le second Corps de Bataille, marche à droite, excepté Malachowsky qui prend à gauche, parcequ'il déploye par devant vers l'aile gauche, elle passe par la trouée par où a passé aujourd'hui le Lieutenant General de Dohna par le milieu de l'armée, et consiste dans les Regimens qui suivent.

10. Escadrons Malachowsky qui marchent par rang d'Escadron.
5. — — Platen.
5. — — Plettenberg.
10. — — Schorlemmer.
5. — — Finckenstein.

III. Des que l'on sortira hors du bois, tout les canons passent dans le milieu entre les deux colomnes, ou s'il y a encore assés de place pour cela dans le bois même ils sortent deja d'entre les Bataillons pour marcher entre les Colomnes, afinque les divisions puissent marcher par tout.

IV. L'ordre de Bataille étant changé, et n'y ayant aucun troisieme Corps de Bataille,

taille, il faut que la feconde divifion, en cas qu'il arrive quelque chofe par derriere, combatte par pelotons: 5. Efcadrons Ruefch fe tiennent à l'aile droite du prémier, et 5. Efcadrons à l'aile droite du fecond Corps de Bataille.

V. L'Aile gauche ayant 40. Efcadrons dans le prémier et 5. dans le fecond Corps de Bataille, le Regiment Malachowski fe poftera auffi dans la feconde divifion.

VI. Les deux Regimens de Huffars doivent prendre foin de couvrir la Cavalerie, les flancs, et tout ce qui veut fe rétirer derriere la feconde divifion, et ils tacheront de prendre l'ennemi en flanc.

VII. Des que le jour commence à poindre, et que les queues font presque forties de la trouée d'Almenhaufen, on déploie, et comme le fecond Corps de Bataille obferve la diftance de 300. pas, et fait la diftance entre les Bataillons; les Bataillons de l'aile doivent aller occuper leur pofte, s'ouvrir à droite et à gauche, et fuivre l'armée quand on avance.

VIII. Nous allons attaquer l'aile gauche de l'ennemi, c'eſt pourquoi l'armée doit avancer ſerrément.

IX. Les Regimens doivent ſe ſéparer en paſſant par les villages, mais remettre d'abord leurs rangs.

X. Des que l'on décampe, on envoye les chariots et les chevaux de poſte avec les tentes derriere Bajuthen là où eſt le pont; les chariots des païſans doivent être envoyés à Almenhauſen avec une eſcorte, afinqu'on puiſſe mettre les bleſſés deſſus, et l'Infanterie, étant pourvuë de chariots, met les havreſacs deſſus, afinque les gens ne ſoient pas trop ſurchargés; ces chariots ſont renvoyés par les chevaux de poſte.

XI. Toutes les troupes et Bataillons commandés, à Gohr et Loſſow près; qui ſe rendent à leur poſte, quand la prémiere Colomne arrive, ſont rétirés auſſi bien que les Huſſars, et les gardes-avancées.

XII. En cas que l'ennemi ait mis des chevaux de friſe, il faut que ſuivant les
diſpo-

dispositions et ordres souvent donnés, les soldats les coupent avec des haches, et je me rapporte en general aux ordres que j'ai toujours donnés à l'égard d'une Bataille, il faut surtout que, quand la Cavalerie ennemie est battue, la nôtre enfonce l'Infanterie ennemie, quoi qu'il en coûte. Si Dieu nous assiste, il faut poursuivre l'ennemi aussi loin qu'il sera possible, et bien garder les défilés.

XIII. Le second Corps de Bataille prend bien garde à envoyer d'abord boucher les trous qui se feront dans le prémier.

XIV. Pendant l'attaque l'Infanterie de la gauche se retire sous les canons jusqu'à ce qu'elle reçoive ordres.

XV. Les Generaux qui commandent la Cavalerie et les Brigades d'Infanterie sur les ailes, ne se reposent qu'après avoir fait faire la copie de cette disposition en forme à tous les Officiers commandants des Bataillons, des Hussars et de l'Artillerie, il faut aussi envoyer quelqu'un à chaque poste détaché pour le mener la nuit

nuit aux lieux où ils doivent se tenir, quand l'armée décampe, afinqu'il n'arrive point de désordre.

XVI. Quand on rencontrera demain des fosses ou des hayes sur lesquelles le canon ne pourra passer, les Regimens doivent d'abord donner des travailleurs pour les applanir et abbattre les hayes.

XVII. Qu'au reste chacun songe à faire son possible, à animer les Soldats, et à considerer, qu'il combattra pour son honneur, sa patrie, et son Roi contre un ennemi cruel qui ravage et désole tout. Un General ne sauroit être par tout, c'est pourquoi l'habileté et la présence d'esprit des Officiers commandants des Bataillons doivent suppléer au reste; car tout dépend du gain de cette Bataille.

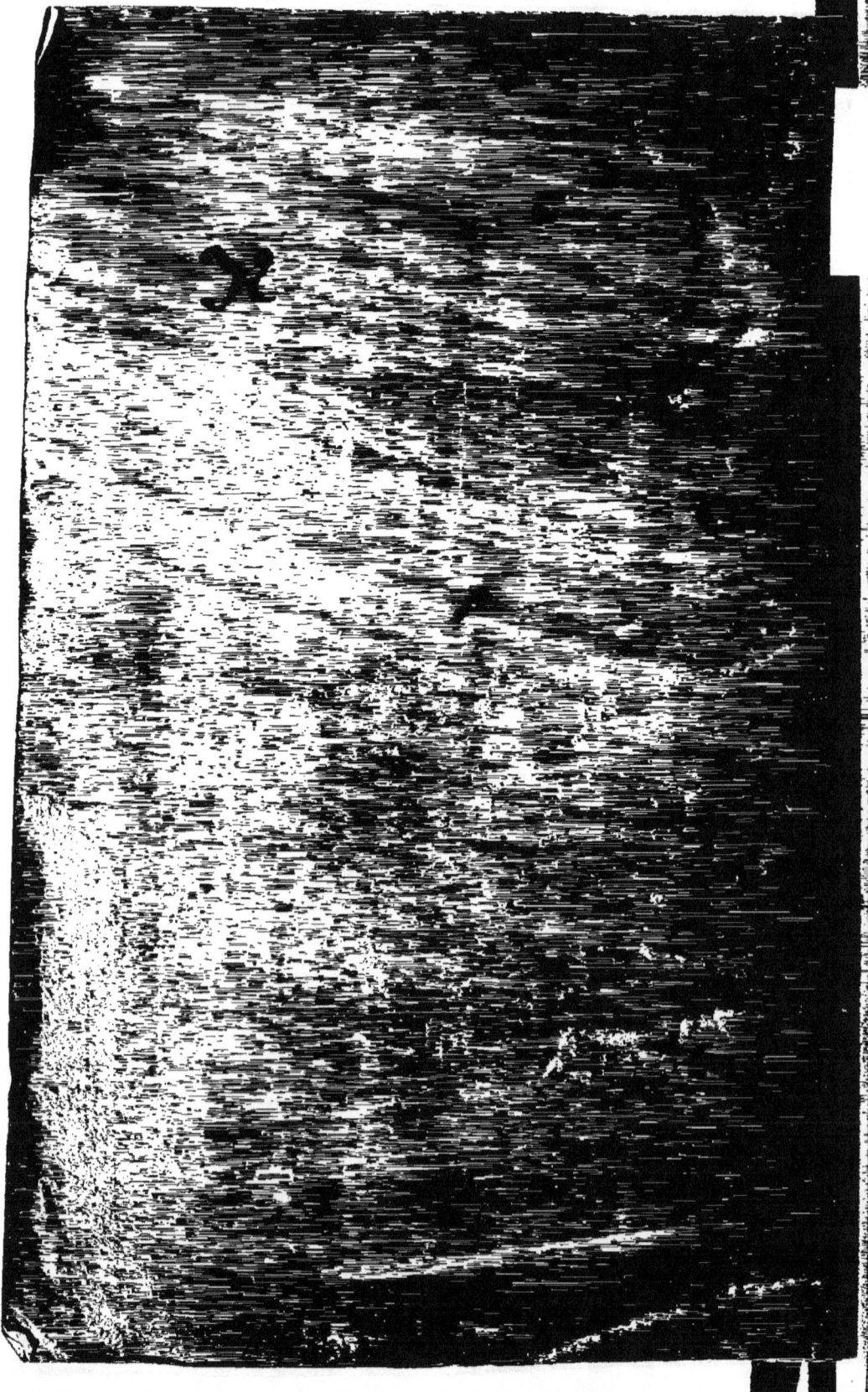

www.ingramcontent.com/pod-product-compliance
Lightning Source LLC
Chambersburg PA
CBHW071858160426
43198CB00011B/1153